협상력 부자의 한국 사회 패러다임을 바꾸자!

문제는 협상가다

새로운 세기와 대화 2
문제는 협상가다

지은이 / 시어도어 W. 킬
옮긴이 / 강주헌
펴낸이 / 김종석
펴낸곳 / 도서출판 아침이슬

초판인쇄 / 2000년 12월 15일
초판발행 / 2000년 12월 20일

등록 / 1999년 1월 9일(제10-1699호)
주소 / 서울시 마포구 연남동 509-13, 3층 (우) 121-240
전화 / 02) 332-6106, 7 팩스 02) 332-6109
e-mail / 21cmorning@hanmail.net

값 8,500원
ISBN 89-88996-07-0 03320
     89-88996-00-3 (세트)

* 잘못 만들어진 책은 바꾸어 드립니다.

문제는 협상가다

|시어도어 W. 킬 지음 · 강주헌 옮김|

협상력 부재의 한국 사회 패러다임을 바꾸자!

아침이슬

서문
대체적 분쟁해결수단, 혹은 자유의지적 분쟁해결기법

세계 곳곳에서 분쟁은 나날이 늘어나고 있다. 그 위협에 우리는 숨조차 제대로 내쉴 수 없을 지경이다. 하지만 분쟁해결을 위한 역풍도 만만치 않다. 이는 대체적 분쟁해결수단(Alternative Dispute Resolution, ADR)이라 알려진 것으로, 대개는 머리글자인 ADR이라 불린다.

애초 ADR은 근로자와 기업 간의 분쟁에 따른 소송의 시간적 손해와 눈덩이처럼 불어나는 비용을 해결하는 수단으로 알려졌다.

1997, 98년 두 번에 걸쳐서 《포브스(Forbes)》는 ADR을 주제로 한 대규모 회담을 주관하면서, 기업이 소송비용으로 쏟아부어야 했던 수백만 달러를 절약할 수 있는 방법으로 ADR을 제시했다. 《포브스》는 ADR이 전세계적으로 확산되고 있는 '혁명적 트렌드'라고 선언했다.

ADR은 법적 소송에 따른 시간과 비용을 절약하는 수단에서 그치지 않는다. 자립을 위한 필연적 요구, 이웃과 더불어 조화롭게 살아가는 방법, 자유의지의 확인이기도 하다.

포고가 말했듯이, "우리는 적과 맞닥뜨렸고, 그 적은 우리 자신이다." 우리라는 존재가 있을 뿐 우리와 재앙 사이에는 어떤 완충장치도 없다. 이 원칙은 핵전쟁에서뿐 아니라 아침의 고요함을 깨뜨리는 한적한 교외 거주자들 사이의 분쟁을—총이나 변호사에게 의지하지 않고 평화적이고 자주적으로—해결하는 데도 사용된다.

당신에게 불만이 있는 사람은 누구라도 소송을 제기할 수 있다. 이때 당신은 상대에게 소환장과 고소장을 송달하면서 맞대응하게 된다. 물론 그 사건을 법정까지 끌고 가려면 소송거리가 될 만한 것이어야 하지만 법정에서 분쟁을 해결할 생각이라면 상대방의 동의를 미리 구할 필요가 없다.

법적 소송을 대리할 수 있는 세 가지 실용적인 방법, 즉 협상(negotiation), 조정(mediation), 중재(arbitration)는 과거부터 있어왔다. 그러나 여기에도 함정이 있다. 분쟁 당사자가 협상을 통해 조정이나 중재에 응하겠다는 합의에 이르지 않는 한, 조정과 중재가 들어설 여지가 없다는 점이다. 따라서 협상은 조정과 중재를 위해 없어서는 안 될 전주곡이며, 분쟁해결을 위한 시스템 전체를 좌우하는 주춧돌이라 할 수 있다.

협상은 아담과 이브가 이 땅에 태어나면서부터 시작되었으며, 곧이어 조정이 따랐다. 정확히 말하면 뱀이 이브를 유혹해서 선악과를 따먹게 한 사건부터였다.

중재는 협상과 조정에 기초해 발전한 최종 단계이다.

조정과 중재어 호소하는 분쟁은 물론 어떤 형태의 분쟁이든 협상을 통해 해결될 수 있다. 협상은 법적 소송을 실질적으로 대체할 수 있는 주된 수단이다. 실제로 법정에서 해결되는 분쟁보다 협상을 통해 해결되는 분쟁이 훨씬 많다. 조정과 중재는 협상의 유용한 보조장치이다. 따라서 이 셋을 한꺼번에 뭉뚱그려 '분쟁해결을 위한 자유의지적 기법(the voluntary techniques of conflict resolution) 혹은 자유의지적 분쟁해결기법'이라 칭할 수 있다.

자유의지적 기법은 시간과 돈을 절약할 뿐만 아니라 법정에서 다룰 수 없는 분쟁까지 해결할 수 있다. 법정에서는 '권리' 분쟁, 즉 법이나 계약의 위배 여부를 따지는 분쟁만을 해결할 수 있을 뿐이다. 변호사들이 판단컨대 흔히 '이해관계'에 따른 분쟁은 소송거리가 되지 못하는 게 대부분인데, 이럴 경우 분쟁을 원만히 해결할 방법이 없다.

예를 들어 법정은 상점 주인에게 이윤의 폭을 낮추라거나 소비자에게 더 많은 돈을 지불하라고 명령할 수 없다. 또 재협상된 새로운 계약서에 특정한 조항이나 조건을 포함시켜야 한다고 판결할 수도 없다. 이런 분쟁은 오직 당사자만이 해결할 수 있을 뿐이다.

이처럼 개인의 이해관계에 따른 분쟁의 수는 법정이 다룰 수 있는 권리 분쟁을 훨씬 능가한다. 권리 분쟁은 물론이고, 개인의 이해관계에 따른 분쟁도 자유의지적 기법으로 해결될 수 있다. 분쟁 당사자들이 이런 자유의지적 기법에 의거해 합의점에 도달하려는 자세에 따라 그 결과는 달라질 수 있다. 따라서 이 수단은 '협력'을 유도해서 분쟁의 해결점을 찾으려는 방법이며, 더불어 화합하며 살아가는 방법을 배우도록 우리 모두에게 촉구하는 방법이다.

하지만 ADR이란 대체적 분쟁해결수단이 대부분의 경우 효과를 발휘한다고 해서 이 수단에 무작정 의지해서는 안 된다. 효율적인 분쟁해결을 위해서는 이 수단을 적재적소에 슬기롭게 활용하는 수완이 필요하다. ADR이 가르쳐주는 중요한 메시지를 적절히 활용하는 방법을 깨우치지 못할 경우, 우리는 이 땅을 휩쓸게 될 무질서 속에서 신음해야 할 것이다.

추천의 글

윌리엄 L. 루리[1]

샘 킬과 케이트 킬은 첫 아들의 이름을 두고 티격태격 말다툼을 벌였다. 샘은 1912년 의원 선거에서 시어도어 루스벨트의 진보당 소속으로 출마했지만 낙선했고, 루스벨트는 대통령 선거에서 민주당 소속의 우드로 윌슨에게 패했다. 하지만 샘은 첫 아들의 이름을 '시어도어'라 짓고 싶었고, 케이트는 승리자였던 '우드로'란 이름을 아들에게 안겨 주고 싶었다. 결국 그들은 아들을 시어도어 우드로 킬이라 부르기로 합의하면서 분쟁을 마무리지을 수 있었다.

 킬은 분쟁해결에 관심을 갖게 된 동기가 부모 덕분이 아니라 아주 우연한 것이었다고 말한다. 킬은 1937년 코넬대학교 법학부를 졸업했다. 당시 미국은 1929년 주식시장의 붕괴로 시작된 대공황의 여파에서 벗어나지 못하고 있었다. 다른 졸업생들과 마찬가지로 킬도 직장을 구하는 데 어려움을 겪어야 했다. 결국 킬은 노무관리에 전혀 경험이 없었지만 전국노사관계위원회의 법률 담당관으로 자리를 잡을 수 있었다. 연봉은 2000달러였다.

근무 첫 날, 킬이 의자에 앉기가 무섭게 전국노사관계위원회 소속의 변호사연맹 회장이 허겁지겁 달려와 킬에게 질문을 쏟아댔다. 언제 법대를 졸업했느냐? 연봉은 얼마를 받기로 했느냐? 회장은 킬의 대답을 조용히 듣고나서 킬에게 점잖게 충고했다. 변호사연맹과 위원회의 계약에 따르면 킬은 2600달러를 연봉으로 받아야 하기 때문에 이의를 제기해야 한다는 것이었다. 그 같은 충고를 듣고 킬이 불안한 표정을 짓자, 회장은 "자네가 이의를 제기하지 않는다면 우리 연맹이 대리할 걸세"라며 강경한 태도를 보였다. 결국 킬은 이의를 제기했고, 그 즉시 연봉은 2600달러로 인상되었다.

일본의 진주만 폭격으로 미국이 참전했을 때, 킬은 전국전시노사관계위원회로 자리를 옮겼다. 정부, 노동계, 기업계 대표가 동수(同數)로 이루어진 3자위원회였다. 이 위원회는 프랭클린 D. 루스벨트가 전시 동안 노사간의 평화를 유지하려 창립한 일종의 노사정위원회였다. 킬은 눈부신 속도로 승진해서 전쟁이 한창일 때 위원회의 집행위원장이 되었다. 이곳에서 근무하는 동안 킬은 미국의 전쟁 수행에 장애가 될 수도 있었던 노사분쟁을 해결하는 데 대부분의 시간을 투자했다.

전쟁이 끝나고 나서 뉴욕으로 돌아온 킬은 윌리엄 오드와이어 시장의 보좌관이 되어 전후에 밀어닥친 노동분쟁을 조정하는 역할을 맡았다. 기술의 발달로 노동자가 퇴출됨으로써 야기될 수밖에 없었던 분쟁도 서너 건이나 되었다. 이른바 자동화로 불리는 기술력 발전에 따른 필연적 결과였다. 해결점을 모색하던 킬은 노사관계 관리에서는 두 분쟁 당사자를 적절히 조절할 수 있어야 한다는 사실을 깨달았다. 말하자면, 노동자와 사용자는 지속적인 관계를 유지하는 중추이면서 기업의 성공과 깊은 이해관계를 갖게 마련이지만 보상의 분배 문제에서 언제나 대립되며, 이런 현상은 앞으로도 계속될 것이란 깨달음이었다.

회사측은 자동화가 안겨줄 효율성의 증대와 비용 절감을 지적한 반면, 노조측은 일자리의 상실에 불만을 터뜨렸다. 당시 미국 노동층연맹 산업별회의(American Federation of Labor and Congress of Industrial Organization) 의장이던 조지 메이니는 19세기에 노동자를 일자리에서 몰아냈던 방적기계를 파괴한 러드이트 단원을 연상시킬 정도로, 자동화에 저주를 퍼붓는 일장연설로 엄청난 반향을 일으켰다. 노사간의 대립은 전쟁이나 다름없었다.

노동계와 기업계 지도자들과의 토론장에서 킬은 자동화는 결코 중단될 수 없고, 중단되어서도 안 된다는 입장을 분명히 했다. 또한 훌륭한 기업문화를 만들기 위해서는 노사 양측이 노동자들의 우려를 당연한 문제로 공감해야 하며 공정성을 갖추어야 한다는 입장도 굽히지 않았다.

이런 토론의 성과로 킬은 노사 양측의 대표로 구성된 미국 자동화 및 고용 재단 창립 과정에서 훌륭한 산파 역할을

해 초대 집행위원장으로 취임했다. 이 재단의 목표는 나날
이 증가하는 고용문제를 해결하는 동시에 자동화의 촉진을
지원하는 것이었다. 재단은 노사 양측의 우려를 개별적으
로 확인해서 성공적인 분쟁해결을 위한 물꼬를 트는 데 중
추적인 역할을 해냈다. 킬은 집행위원장으로 활동하면서
재단이 특수한 상황의 분쟁을 해결하는 정책을 고안하는
데도 적극적으로 도움을 주었다.

이렇게 노사관리 문제에 깊숙이 개입하게 되면서 킬은
분쟁해결이 산업활동에서 결코 간과할 수 없는 사안이란
사실을 깨닫기 시작했다. 또한 분쟁을 원만하게 조절하는
능력이야말로 창조적인 해결책을 낳을 수 있다는 신념을
갖게 되었다.

산업계의 평화의 사도로서 킬은 공공분야와 민간분야에
서 쉽게 해결될 것처럼 보이지 않는 지엽적인 분쟁과 전국
적인 분쟁을 창의적이고 대담하게 해결하는 수완을 보여주
었다. 그 때문에 《비즈니스 위크》는 킬에게 '교착 상태에
빠진 협상의 만능 해결사'라는 별칭을 붙여주었다. 킬은 대
통령, 주지사, 시장이 임명한 진상조사위원회의 위원으로 3
만 건 이상의 노사문제를 해결하는 데 주역으로 참여했다.

1914년 뉴욕에서 태어난 킬은 1943년부터 1983년까지 배
틀 파울러의 파트너로 일했고, 그 후에는 법률회사의 고문역
을 맡았다. 한마디로 킬은 변호사이자 조정자이기도 했지만,
유수한 기업들의 이사직을 맡았던 사업가이기도 했다.

인종갈등을 진정시키려 조직된 전국도시연맹의 회장을

역임했으며, 그밖에도 갖가지 유형의 갈등을 해소할 목적으로 여러 재단을 창설하는 데 주도적인 역할을 맡기도 했다. 특히 비영리단체로서 공동체간의 분쟁을 해결하는 데 적극적으로 개입한 조정 및 갈등해소연구소, 현재 코넬대학의 산업 및 노사관계연구소와 자매 결연을 맺은 단체협상 및 집단관계연구소, 분쟁 방지 및 조기해결협회, 노사간거리감연구협회, 환경보전과 경제성장 간의 갈등을 원만히조절하기 위한 지구보전협회 등이 대표적이다. 또한 킬은국제적으로 명성을 얻고 있는 예술가 로버트 라우셴버그의대리인 역할을 25년 이상 해냈고,[2] 1972년 라우셴버그는킬이 자신의 책에서 주제로 삼았던 낱말을 응용해 예술작품을 제작하기도 했다.

킬이 이 책을 쓴 것은 대체적 분쟁해결수단과 자유의지적 분쟁해결기법을 일반 대중에게 이해시키고 활용하는 데도움을 주기 위해서이다. 지난 50년 동안의 현장 경험을 바탕으로 쓰여진 이 책은 그 목적에 충분히 부합하리라 생각한다.

---

1) 윌리엄 L. 루리는 비즈니스 라운드테이블의 전임 회장이었다.
2) 로버트 라우셴버그(1925~): 일상적인 물체들을 이용해 컴바인 페인팅을 창안함으로써 팝 아트가 성립될 수 있는 기틀을 마련해준 대중예술가로 평가받고 있으며, 1950년 후반 이후로 세속적인 것을 이용하여종래의 예술 개념을 파괴하고 대중에게 새로운 예술을 체험하게 해주는 네오-다다운동의 선구자로 꼽힌다.─옮긴이

차례

3부 중재 : 협상과 조정의 최종 단계

자유의지적 중재의 구조 · 157

사공이 너무 많다 · 179

4부 자유의지적 분쟁해결기법들

머리말
자유의지적 분쟁해결기법, 그 위력과 한계

태초부터 우리는 분쟁을 예방하고 해결하기에 애쓰도록 권유받으며 살아왔다. 성경에서도 "네 이웃을 네 몸처럼 사랑하라"고 가르치고 있듯이 이웃 사랑은 분쟁해결을 위한 최선의 방법이다.

성경에서는 또 "화평케 하는 자는 복이 있나니 저희가 하나님의 아들이라 일컬음을 받을 것임이요"라고 말하면서,[3] 분쟁을 예방하거나 해결하려 애쓰는 사람을 칭찬하고 있다. 셰익스피어도 비슷한 말을 남겼다. 다만 조금은 겸손하게 이 땅으로 범위를 축소하면서 "이 땅을 화평케 하는 자는 복이 있나니!"라고 말했다.

이 책에서 다루는 분쟁의 대부분은 신분이 분명한 개인들 혹은 집단들간에 발생했던 것이다. 말하자면 계약을 체

---

3) 마태복음 5장 9절.—옮긴이

결할 만한 권한이나, 최종 계약에 서명할 권한을 가진 당사자에게 해결책을 조언할 권위를 가진 개인이나 단체였다.

자유의지적 분쟁해결기법은 국내외에서 발생하는 대부분의 분쟁에서 거의 동일한 효과를 보여준다. 심지어 사회적으로 비난받는 분쟁들, 예를 들어 강탈, 갈취, 유괴 등에도 예외없이 적용된다. 범죄자는 체포되지 않으려 최대한 조심하면서, 원하는 것을 희생자들에게서 얻어내려 협상을 벌이지 않는가!

분쟁 당사자, 분쟁의 쟁점, 그리고 상황에 따라서 분쟁은 다른 모습을 띠기 마련이다. 분쟁에 따르는 그러한 제반 사정이 자유의지적 분쟁해결기법에 필연적으로 영향을 미치므로 이에 대한 적절한 대응이 필요하다.

일반적으로 협상가의 수완과 협상력은 개인이 갖고 있는 영향력의 한계를 보충해준다. 하지만 협상가의 자존심과 자만심 그리고 야심과 시기심과 같은 요인들이 협상의 성과에 영향을 미치기도 한다. 또 협상가의 개인적인 취향도 협상 성과를 결정하는 한 요인이 될 수 있다.

예를 들어 지나친 자부심은 때때로 도움이 될 수도 있지만 방해가 되기도 한다. 실제로 나는 개인적인 야심 때문에 냉정한 판단력을 잃어 승리를 코앞에 두고 빈 손으로 돌아가는 협상가들을 수없이 보았다.

언젠가 노련한 한 협상가가 내게 이런 말을 해주었다. "자존심을 적당히 양보하는 기술이 언젠가 인류를 구하게 될 것이다!"

당신이 맡고 있는 역할에 충실하라

분쟁해결을 위해 동원되는 기법마다 자체로 많은 변수가 있지만, 분쟁 당사자와 중립적인 제3자의 역할은 각기 다르다.

> · 협상가의 목표는 자신에게 가장 이익이 되는 결과를 얻어내는 것이다.
> · 조정자의 역할은 협상가들을 한자리에 모이게 하는 것이다.
> · 중재자는 분쟁이 어떤 식으로 해결되어야 할 것인지를 결정한다.

어떤 역할을 맡느냐에 따라 필요한 조건도 달라진다. 따라서 분쟁해결에 참여한 사람들은 각자에게 맡겨진 역할을 분명히 인식하면서, 분쟁이 진행되는 동안 그 역할에 충실해야만 한다. 주어진 역할에서 잠시라도 벗어날 경우 치명적인 결과를 초래할 수도 있기 때문이다.

나는 로버트 F. 와그너 뉴욕 시장의 초청으로 1962년부터 1963년까지 뉴욕을 떠들썩하게 만들었던 노사분규의 조정자 역할을 맡은 적이 있다. 신문사 직원을 대표하는 10대 노동조합의 하나로 국제인쇄노조 제6지구와 뉴욕시의 주요 신문사들이 맞붙은 노사분규였다. 《뉴욕 타임스》의 부회장이자 총지배인이던 아모리 H. 브래드포드가 신문 경영자협회를 대리해서 협상 대표로 나서 당시 뉴욕에서 발행되던 10개 신문사의 입장을 대변했다. 노조측의 협상 대표는 버트램 파워즈였다.

브래드포드는 내가 이 분규에 개입하기 전까지 수개월 동안 협상 절차를 거의 주도하고 있었다. 예를 들어 모임을 언제 어디에서 가질 것인지, 공동모임으로 할 것인지 단독 면담으로 할 것인지, 현안을 어떤 순서로 다룰 것인지, 협상을 언제 끝내고 언제 다시 시작할 것인지 등이 그의 주도 아래 이루어졌다.

하지만 내가 이 사건에 개입하면서 절차문제를 두고 브래드포드와 사사건건 부딪치지 않을 수 없었다. 엄격히 말해서 이런 절차문제를 책임질 사람은 협상 당사자가 아니라 조정자의 몫이다. 협상 당사자는 결국 중대한 사안에 최종 결정을 내려야 하는 의무를 지닌 만큼 그 결과를 생각하지 않을 수 없지만, 조정자는 결과에 초연해서 절차문제를 결정할 수 있기 때문이다.

브래드포드와 몇 주 동안 언쟁을 벌인 끝에, 그가 그처럼 고집을 꺾지 않는다면 조정자로서의 내 역할을 제대로 해낼 수 없다는 결론에 이르렀다. 브래드포드가 조정자 역할까지 간섭하고 나서는 상황에서 더 이상 조정자 역할을 수행할 수 없었다. 결국 나는 조정자 역할을 포기하기로 결심했다. 노사 양측이 그들을 대표할 사람을 마음대로 선정할 수 있었기 때문에 내가 조정자 역할을 계속 맡기 위한 조건으로 브래드포드의 사임을 내걸 수는 없었다.

내가 공개적으로 사임하겠다고 발표하자 당시 《뉴욕 타

임스》의 발행인이던 으빌 E. 드라이푸스가 황급히 나를 찾아와 사임을 극구 만류했다. 그는 노조측 협상 대표인 파워즈가 《뉴욕 타임스》를 파산시키려 파업을 단행하는 것이라며 나에게 속마음까지 털어놓았다. 물론 나는 파워즈의 목표가 그런 것이라 믿지 않았지만, 드라이푸스의 만류를 받아들여 조정자 역할을 계속 맡기로 했다. 그리고 드라이푸스는 내게 묻지도 않고 브래드포드를 협상단에서 제외시키고, 《뉴욕 데일리 뉴스》의 잭 플린과 《뉴욕 헤럴드 트리뷴》의 월터 테이어를 신문경영자협회를 대리할 협상가로 내세웠다. 다행히 그들은 게임의 법칙을 제대로 이해했다. 덕분에 우리는 노사 양측 모두가 만족하며 비준해주었던 협약에 도달할 수 있었다.

쟁점을 분명히 하고 실상을 객관적으로 평가해야 하는 이유
내가 분쟁해결을 위해 현장에서 뛰면서 터득한 중대한 교훈이 하나 있다면, 가능한 한 초기 단계에서 쟁점을 명확히 규정하라는 것이다. 놀랍게도 뛰어난 협상가들조차 분쟁해결을 위한 지름길인 이 부분을 가볍게 넘겨버리는 경우가 많다. 그런 실수 때문에 협상가들은 싸움거리도 아닌 문제를 두고 시간과 정력을 낭비하게 되고, 근본적인 차이까지도 희석시켜버리는 주장을 해 상대를 분노하게 만든다.

또한 주장의 근거로서 철저하게 확인된 실상, 정확하고 적절하게 평가된 실상을 확보하는 것도 중요하다. 전국전시노사관계위원회 으장을 역임했던 저명한 변리사 윌리엄

H. 데이비스가 종종 지적했듯이 "실상을 두고서는 누구도 논박할 수 없다. 실상을 모르기 때문에 분쟁이 있는 것이다." 그러나 협상 당사자들은 명백한 실상을 두고서도 번질나게 논쟁을 벌인다. 정치꾼들처럼 그들도 실상을 자기에게 유리한 쪽으로 '호도(糊塗)'하려 한다. 그렇다 하더라도 실상을 가감 없이 얻어내는 훈련은 분쟁을 성공적으로 마무리짓는 데 있어서 무엇과도 바꿀 수 없는 소중한 재산이 될 것이다.

문제의 핵심에 접근하기 전에 절차에 초점을 맞추는 것도 매우 중요하다. 첨예하게 대립되어 있던 상원이 클린턴의 탄핵 방식에 대해서는 만장일치로 통과시켰던 사례가 절차의 중요성을 극명하게 증명해준다. 사실 절차문제는 실제 현안을 해결하는 것만큼 까다롭지 않다. 게다가 절차에 대한 합의는 협상 자체에 긍정적인 영향을 미치는 것이 일반적이다.

내가 지적하는 요점들은 상당히 간단해 보이지만 분쟁을 해결하는 데 무척이나 중요한 것들이다. 적어도 분쟁 당사자간의 입장 차이를 좁히는 데 큰 도움을 줄 것이다.

쟁점의 범위를 정확히 하라

쟁점에 어떤 식으로 접근하느냐에 따라서 전혀 다른 결과가 나올 수 있다. 언뜻 들으면 전혀 해가 없을 것 같은 어법이 커다란 차이를 낳을 수도 있다는 뜻이다. 《뉴욕 타임스》가 보도했듯이, 클린턴이 모니카 르윈스키와의 부적절한 관계를 부인함으로써 국민을 기만했다는 사과 발표가 있었던 1998년 8월 17일 이후 클린턴에 대한 개인적 호감도가 눈에 띄게 하락한 것으로 나타난 이유가 여론조사기관인 갤럽이 질문의 어법을 약간 바꾼 것 때문이라 하지 않는가!

사과 발표가 있기 1주일 전 여론조사에서의 질문은 "저는 뉴스에 등장하는 몇몇 분에 대한 당신의 의견을 구하려 합니다. 제가 그분의 이름을 제시하면, 그분에게 호감이 있는지 없는지를 말씀해주시기 바랍니다"였다. 이런 전통적인 방식으로 질문한 결과 클린턴에게 호감을 가진 국민은 60%였고 불만을 가진 국민은 38%였다.

그러나 사과 발표 후 즉시 실시된 여론조사에서 갤럽은 응답자들에게 "빌 클린턴을 보통 사람이라 생각할 때 당신은 클린턴을 호감이 가는 사람이라 생각하십니까?"라고 물었다. 이 조사에서는 40%의 국민이 클린턴에게 호감을 표명한 반면, 48%가 불만을 표시했다. 여론이 1주일 사이에 엄청나게 변한 것이다.

한편 사과 발표 다음 날 실시된 여론조사에서 갤럽은 전통적인 방법을 다시 사용했다. 놀랍게도 클린턴에게 호감을 표시한 국민은 55%였던 반면, 불만을 표시한 국민은 42%였다.

여론조사원이 응답자에게 기회의 균등에 대한 찬반 의견을 물을 때 대부분의 응답자는 기회의 평등권에 찬성한다고 대답할 것이다. 한편 차별시정계획에 대한 질문을 받게 된다면 대다수가 그 계획에 반대하는 입장을 보일 것이다. 하지만 차별시정계획은 기회 균등을 촉진하기 위한 프로그램에서 없어서는 안 될 부분이다. 따라서 기회를 균등하게 분배할 수 있는 방법과 그 목적을 달성하기 위해 필요한 차별시정계획을 커다란 반발 없이 시행하려면 관련 규정에 대한 세심한 정의가 선행되어야 한다.

기회 균등과 차별시정계획에 관련한 특수어에 부여되는 의미는 사람들에게 곧잘 감정적 반응을 불러일으킨다. '쿼타(quota)'라는 낱말이 대표적인 예이다. 쿼타는 과거의 차별을 시정하는 데 도움을 줄 수 있지만, 기회 균등을 박탈하는 전형적인 정책으로 해석되기도 한다. 그럼에도 불구하고 지원자의 질적 향상에 도움을 주려는 교육 프로그램은 보편적인 지지를 끌어낼 수 있을 것이다.

주어진 일을 최적으로 해낼 능력을 갖춘 지원자가 선택되는 것을 기회 균등이라 할 수 있을까? 그렇다면 지원자들이 갖춘 능력 하나하나를 어떻게 측정할 수 있을까? 예를 들어 대학 입학 지원자들을 ACT(미국 대학입학시험)과 SAT(대학입학 학력평가 시험)만으로 평가해야 하는 것일까? 아니면 학업성적 이외의 성취도까지 고려해야 하는 것일까? 미국처럼 다원화된 사회에서 인종적으로 균형을 맞춘 학생 수나 노동 인구, 그리고 대학 입학의 이점까지 고려사항이 될 수 있을까? 결국 공정한 해결을 위해서 선결되어야 할 필수조건은 규정이 의미하는 것을 정확히 정의하는 것이다.

낙태문제를 두고 다투는 사람들은 각각 '선택의 자유'와 '생명의 우선권'을 구호로 내세우며 지지자를 끌어모은다. 구호 자체에서는 반대할 명분을 찾기 어렵다. 그러나 생명이 임신과 더불어 시작되는가, 아니면 태아가 세상에 태어난 후부터 시작되는가 하는 핵심적인 문제는 구호 뒤에 완전히 감추어져 있다.

연방 대법원은 임신 기간을 세 기간으로 나눠 첫 3개월과 나머지 6개월에 분명한 선을 그으면서, 첫 3개월 동안에는 낙태를 금지할 이유가 없다는 판결을 내렸다. 물론 생명이 임신과 더불어 시작된다고 믿는 사람들은 연방 대법원의 그런 판결에 여전히 반대하고 있다. 사실 임신 9개월에 낙태를 권장할 사람은 거의 없을 것이다. 또한 대다수가 피임에 대해서는 거부감을 갖지 않는 듯하다. 결국 토론이 거듭되면서 쟁점은 점점 좁혀져 이제는 첫 3개월 이후의 선을 어디에서 어떻게 결정할 것이냐에 초점이 맞춰지고 있다.

나는 최근 마약 규제를 위한 집회에 참석해서 마약의 합법화는 결국 커다란 문제를 불러일으킬 것이라고 지적했다. 마약이 합법화될 경우 의사의 처방이 필요없는 약처럼 마약을 어디에서나 쉽게 구할 수 있을지도 모른다는 우려 때문이었다. 그러나 의사의 처방이 없을 경우 대부분의 수면제나 항생제는 약국에서 구입할 수 없다. 물론 마약의 합법화를 옹호하는 사람들은 코카인과 헤로인을 구입하는 것도 수면제나 항생제를 구입하는 것만큼이나 어려울 것이라고 주장한다. 하지만 의사의 처방은 마약 규제를 위한 하나의 형식에 불과하다. 따라서 마약의 합법화 여부를 따지기보다는 습관성 마약을 강력히 규제할 방법을 논의하는 것이 더욱 시급한 문제이다.

모두에게 이익이 되는 방향을 확인하는 것도 집단간의 분쟁해결에 도움을 줄 수 있다. 노사관계가 좋은 예이다. 게임이론에 따르면 노사관계는 갈등과 협력을 조화롭게 끌어가는 관계이다. 기업이 성장하면 노동자에게도 이익이다. 기업이 성장할수록 노동자가 기대할 수 있는 것도 그만큼 많아질 것이기 때문이다. 노동조합의 지도자들은 이런 상호성을 잘 알고 있기 때문에 기업 활동에 피해를 안길지도 모를 환경제약에 반대하는 입장을 표명하기도 한다. 또한 외국기업의 경쟁력을 약화시키려 관세정책을 지지하기도 한다. 실제로 나는 경영권 인수 다툼에서 노동조합이 기존 경영진을 편들며 싸우는 것을 본 적이 있다. 하지만 막상 과실(果實)을 나눌 때는 더 많은 몫을 차지하려 격렬한 다툼을 벌인다.

훗날 전기노동자 국제연맹에 가입한 미국 통신노조 위원장 모튼 바의 집요한 요구에 미국 전신전화 회사(AT&T)는 '근로자의 성장과 발전을 위한 연대'라 불렸던 합동교육 프로그램을 단체교섭에서 받아들였다. 루센트 테크놀로지사도 AT&T에서 분사(分社)된 이후 그 연대에 참가했다. 또한 베이비 벨이라 불리는 AT&T의 몇몇 자회사도 비슷한 교육 프로그램을 실시했으며, 철강 및 자동차와 항공 산업을 비롯한 여타 산업에 속한 기업들도 마찬가지였다.

노동조합은 교육 프로그램을 일종의 안전망, 즉 기업이 규모를 축소할 경우 필요로 하는 기술을 노조원이 미리 습득할 수 있게 해주는 안전장치로 해석한다. 한편 경영진은 교육을 통해서 좀더 숙련된 직원을 확보할 수 있기 때문에 교육 프로그램에 반대할 이유가 없다. 이처럼 서로에게 이익이 되는 방향으로 나아감으로써 노조와 경영진은 서로 협조하는 분위기를 만들 수 있으며, 결국에는 계약, 임금, 노동시간, 노동조건 등에서 피해갈 수 없는 갈등을 해소하는 데 유리한 환경을 조성할 수 있다.

갈등해결 방법의 조항을 분명히 정의하라

갈등해결 방법을 명시한 조항들이 때로는 걷잡을 수 없을 정도로 엉뚱하게 해석되는 경우가 있다. 1964년 4월 9일 나는 야구 중계방송을 보고 있었다. 그때 중계방송이 중단되면서, 린든 B. 존슨 대통령이 전국 523개 철로 운행을 중단하겠다고 위협하던 파업을 2주일 연기시켰다는 긴급방송이 나왔다. 아울러 '새 협상가'들이 분규해결을 위해 투입될 것이란 발표도 있었다.

대통령이 직접 나서서 전국적인 파업을 막았다는 보도에 나는 안도했다. 이 사건은 1963년 11월 22일 케네디의 사망으로 대통령직을 물려받은 존슨이 처음으로 직면한 중대한 위기 상황이었다. 하지만 갈등해결 분야의 전문가인 나에게는 새로운 '협상가'를 투입한다는 발표가 의아스러웠다. 분쟁의 당사자가 각자의 의사를 대변해줄 협상가를 지명하는 것이 원칙이지 않은가? 또 그들을 대리하고 있던 협상가들을 교체하기 위해 조정기간을 두기로 합의를 보았다는 것도 이례적인 일이었다.

존슨의 의도가 무엇일까 곰곰이 생각하고 있던 중 전화벨이 울렸다. 전화를 받은 아내가 내게 소리쳤다.

"당신 전화예요!"

나는 전화를 받았다.

"킬 씨?"

그렇다고 대답하자 전화 속 주인공이 이렇게 말했다.

"미합중국 대통령이오."

그리고 대통령(존슨이 부통령이던 시절 인종간의 갈등해결 문제로 서너 번 만난 적이 있었다)은 속사포처럼 빠른 어조로 덧붙였다.

"테드, 당장 새 협상가가 필요하오. 만사를 제쳐두고 내일 아침 일찍 백악관으로 와줄 수 있겠소?"

나는 대통령의 제안을 거절할 수 없었다. 곧바로 집을 나서 마지막 비행기를 타고 워싱턴으로 향했다. 물론 철도 파업에서 어느 한쪽을 대리하는 협상가가 아니라 조정자 역할을 부탁받은 것이라는 사실도 알고 있었다. 대통령조차도 혼돈하는 개념을 어찌 일반인이 제대로 구분할 수 있겠는가.

그렇다고 개념의 혼돈으로 피해가 있었던 것은 아니다.

나는 대통령의 의도를 알고 있었고, 대통령은 내가 조정자 역할을 해낼 것이라 믿고 있었다. 지나치게 간략할 수도 있겠지만, 여기에서 갈등해결에 관련된 주요한 개념들을 간단히 정의해보자.

한쪽에서 다른 한쪽에게 요구하는 '어떤 문제'에서 비롯되는 둘 이상 '주체'간의 의견 차이를 가리키는 것으로 나는 '갈등'이나 '분쟁'이란 용어를 차별 없이 사용한다. 그 주체는 개인일 수도 있지만, 기업이나 노동조합 혹은 정부기관이나 국가 자체가 될 수도 있다. 한편 '문제'는 태양 아래 존재하는 어떤 것이라도 될 수 있다.

오늘 아침 신문을 펴고 1면을 꼼꼼히 읽어보라. 앞에서 정의한 대로 한 주체가 다른 주체에게 요구하는 어떤 문제에 대한 기사를 적어도 한 건은 찾아낼 수 있을 것이다. 정치적 갈등, 기업간의 다툼, 노동계의 분쟁, 환경 분쟁, 지역 갈등, 사회적 갈등, 스포츠계의 갈등 등이 하루도 빠짐없이 계속되고 있다.

'해결'은 갈등이나 분쟁을 마무리짓는 것이다. 그런데 분쟁을 해결하는 방법은 아주 다양하다. 어느 한쪽에서 포기할 수도 있으며, 강제로 분쟁을 마무리지을 수도 있다. 하지만 내가 목표로 삼는 것은 자유의지적 협상, 조정, 중재를 통한 분쟁의 해결이다.

조정은 협상의 부속물일 뿐이다. 조정자의 역할은 분쟁 당사자들이 합의에 이르도록 도와주는 것이다. 조정의 구조에 대해서는 2부에서 더욱 자세히 살펴볼 것이다.

중재는 분쟁 당사자들간에 합의를 끌어내도록 임명된 제3자의 결정으로 분쟁을 해결하는 방법이다. 중재에 대해서는 3부에서 더욱 자세히 살펴보도록 하자.

우리는 눈앞의 이익에 연연하기 때문에 모든 것을 자기 관점에서 해석하려는 경향이 있다. 다시 말해 다른 사람의 생각은 거의 고려하지 않는다. 스코틀랜드의 시인 로버트 번즈가 〈루이즈에게〉라는 시에서도 쓰고 있듯이,[4] 다른 사람의 시각에서 우리 자신을 바라보는 것은 뛰어난 재능이다. 협상가로서 상대가 자신을 어떻게 생각하는지 본능적으로 파악할 수 없다면 이런 객관적 분석력을 갖도록 노력해야 할 것이다.

한편 협상가는 정반대의 재능도 갖추고 있어야 한다. 즉 상대가 자기 자신을 어떻게 생각하고 있는가를 판단하는 능력이다. 이런 재능을 갖추게 될 때 협상가는 감동적으로 상대를 설득해 원하는 것을 얻어낼 수 있는 효과적인 전략을 구상해낼 수 있다. 효율적인 협상을 위해서는 무엇보다 이런 기본적인 원칙을 이해하고 있어야 한다. 하지만 때로는 아주 노련한 협상가들마저도 이런 두 가지 사항을 간과하는 경향이 있다.

얼마전 거물급 정유회사인 ARCO가 연루된 허드슨강 일대의 오염지역 청소 작업과 관련한 협상에서 나는 조그만 비영리단체를 대표하는 역할을 맡았다. 환경을 훼손하지

---

4) "타인이 우리를 바라보듯, 우리 자신을 바라보라!"

않으면서 경제 성장을 촉진하는 발전, 즉 환경친화적 경제 발전을 원칙으로 천명하며 1991년 발족할 당시 내가 많은 도움을 주었던 지구보전협회라는 소규모 비영리단체였다. 문제의 지역은 100년이 넘도록 위험한 폐기물로 썩어가고 있었다. 그 지역을 오염시킨 주범은 '아나콘다 구리선'이었지만, ARCO가 그 회사를 흡수·통합했기 때문에 ARCO에 그 지역의 오염을 제거할 법적인 책임을 져야했다.

비영리단체로서 환경친화적 경제 발전을 도모했던 까닭에 우리는 ARCO 및 관련 정부기관과 공동체의 적극적인 협조로 오염지역을 되살려 경제적 효용가치를 되돌릴 수 있다는 사례를 증명해보이고 싶었다. 이렇게 공동으로 노력한다는 대원칙에 모두가 합의하면서 마침내 합의문 작성에 돌입했다. 관련된 자료들을 바탕으로 ARCO가 합의서 초안을 준비하기로 랬고, 쟁쟁한 법률회사를 고용해 그 작업을 맡겼다.

그러나 초안을 받아들었을 때 우리는 ARCO와 지구보전협회가 공동 노력이란 방식에 대해 완전히 달리 생각하고 있다는 사실을 깨닫게 도 었다. ARCO의 변호사들은 협상에 참여한 적도 없었고, 초안을 준비하면서 우리 의견을 전혀 묻지 않았기 때문에 초안에는 ARCO의 생각만을 전적으로 반영하고 있었다. 내가 보기에 그 초안은 협상 과정에서 우리가 요구했던 주장이나 근거를 전혀 담아내지 못한 것이었다. 우리는 발전만이 아니라 복구를 위해서도 ARCO와 공동으로 노력하고 싶었던 것이다.

그 초안이 나름대로 한 역할이 있다면, 양측의 근본적인 차이를 깨닫게 해준 것이었다.

결국 대원칙에 대한 합의만으로는 충분치 않았다. 물론 초기 단계에서 세세한 사항까지 합의할 수 있었을 지는 지금도 의문이지만 아무튼 우리는 그렇게 해내지 못했다. 그러나 우리가 서로의 관점에서 쟁점을 명확히 하려 일찍 애썼더라면 좀더 나은 결과를 얻어낼 수 있었을 것이다. 적어도 시간과 정력을 헛되이 낭비하지는 않았을 것이다.

대체적 분쟁해결수단의 대안

조정과 중재 외에도 법적 소송의 대안으로 제시되는 자유의지적 분쟁해결기법은 상당히 많다. 그러나 그런 기법들도 결국에는 해결의 최종 결정권을 누가 갖느냐에 따라 분류될 수 있기 때문에 조정, 중재와 근본적으로는 같은 것이다.

분쟁 당사자가 최종 결정권을 갖는다면 어떤 대안이라도 조정의 한 형식일 뿐이다. 그러나 제3자가 최종 결정권을 갖는다면 그 대안은 중재에 속한다. 여기에서 몇 가지 대안을 살펴보고 그 대안들이 어떻게 조정이나 중재의 한 형식으로 해석되는가를 알아보자.

조언적 중재 (Advisory Arbitration)는 중재적 성격을 띠지만, 분쟁 당사자에게 조언적 중재자의 판결을 거부할 권리가 있기 때문에 결국에는 조정의 한 형식이라 할 수 있다. 실제로 '조언적 중재자'의 '결정'은 구속력을 갖는 최종 판결이란 옷을 입은 권고지만, 그 권고를 양측 모두가 받아들이지 않는 한 그 '판결'이 분쟁을 끝낼 수는 없다. 조언적 중재자가 결정을 내릴 때 가장 우려해야 할 것은 조정자의 그것과 똑같다. 즉 양측 모두에게서 합의를 끌어낼 수 있느냐는 점이다. 이런 목표를 달성하기 위해 조언적 중재자는 분쟁의 공과뿐 아니라 양측 모두가 받아들일 가능성이 있는 것에 초점을 맞추어야 한다.

미니 재판 (mini-trial)은 법적 소송처럼 진행되는 청문회를 일컫는다. 하지만 미니 재판에서 판사의 '결정'은 어떤 구속력도 갖지 못하기 때문에 미니 재판은 조정의 한 형식일 뿐이다. 또한 판사의 결정을 거부할 권리, 즉 그 결정의 동의 여부에 대한 최종 결정권이 분쟁 당사자에게 있기 때문에 미니 재판에서의 결정은 권고에 불과하다.

진상 조사 (fact-finding)는 사실 여부가 논쟁거리일 때 매우 효과적이다. 따라서 진상조사단은 분쟁해결을 위한 적절한 조언을 요청받기 마련이다. 철도 파업이나 항공기 파업처럼 국가적 위기상황에 처할 대 대통령은 합법적으로 진상조사단을 임명하면서 그들에게 분쟁해결을 위한 조언을 부탁할 수도 있다. 이런 유형의 분쟁에서 대부분의 실상은 분정으로 발전될 만큼 심각하지 않다. 언제나 객관적인 판단이 가능하기 때문이다. 이런 경우 진상조사단의 보고서에서 가장 중요한 역할을 하는 것이 바로 조언이다. 그렇지만 진상조사단의 조언이 구속력을 갖거나 최종적인 판결은 아니기 때문에 보고서의 조언은 조정의 한 형식일 뿐이다. 말하자면 분쟁의 양 당사자 모두가 그 조언을 받아들일 때에만 진상조사단 파견이 궁극적 목표를 달성했다고 할 수 있다.

조정적 중재 (Med-Arb)는 그 이름에서 유추할 수 있듯이 중립적 입장인 제3자에게 처음에는 조정의 역할을 부탁하고, 그 조정이 성공하지 못할 경우 해결되지 않은 쟁점에 대해 구속력을 갖는 판결을 내리도록 하는 것이다. 이처럼 2단계에서는 제3자가 구속력을 갖는 결정권을 갖기 때문에 조정적 중재는 중재의 한 형식이라 할 수 있다.

중재를 위한 3자위원회 (Tripartite Boards of Arbitration)는 양측에서 각각 선정한 중재자와 양측의 중재자로 선정된 두 사람이 합의 하에 지명한 중재자 혹은 미국중재협회 (Amercian Arbitration Association, AAA)처럼 공정한 단체에서 임명한 중재자로 구성된다.

양측에서 선정한 중재자가 공정하지 못할 것이라 예상할 수도 있지만, 그들은 중재자의 자격으로 중립적인 중재자와 똑같은 표결권을 갖는다. 또한 3자위원회가 운영되는 중에라도 분쟁 당사자가 선정한 중재자는 자신을 임명해준 측의 의사를 타진할 수 있다.

결론적으로, 구속력을 갖는 최종 판결을 끌어내기 위해서는 분쟁 당사자가 선정한 중재자 중 하나가 중립적 중재자의 의견에 동조해야 한다. 3자가 각기 다른 의견을 갖는 한 언제나 동수(同數)가 되어 어떤 효과도 얻어낼 수 없기 때문이다.

현실적으로 중립적 중재자는 만장일치의 판결을 끌어내려 노력한다. 그 노력이 성공하지 못할 경우 중립적 중재자는 두 중재자 중의 하나를 집중적으로 설득해서 과반수로 판결을 내리게 된다. 이렇게 될 때 3자위원회는 곧잘 협상의 장으로 변한다. 이는 분쟁 당사자들이 처음에 협상을 벌이던 모습과 크게 다르지 않다.

어떻게 보면 분쟁 당사자들이 선정한 중재자는 그들의 입장을 대변하는 것처럼 보이지만, 대개의 경우 분쟁 당사자에 비해서 중재자들이 훨씬 감정을 잘 절제하면서 객관적이다. 실제로 그 중재자들이 양측 모두에게 만족스런 해결책을 안겨주는 경우가 적지 않다.

양측에서 선정한 중재자 각 1인, 중립적인 중재자 1인으로 구성된 3자위원회의 중재는 타협이 충분히 가능한 이해관계에 따른 분쟁에서 최적의 효과를 발휘한다. 그러나 법규나 계약의 의미 해석과 적용에서 비롯된 분쟁에서는 별다른 효과를 거두지 못하는 경우가 많다. 이런 유형의 분쟁에서 3자위원회는 괜스레 시간과 비용을 낭비하는 주역이될 수도 있다.

최종안 선택 (Final Offer Selection)은 일종의 중재이다. 이름에서 알 수 있듯이, 이 기법은 중재자의 권한을 제한해서 분쟁 중인 어느 한쪽의 최종안을 선택하게 하는 방법이다. 따라서 중재자가 절충안을 끌어낼 수는 없다. 프로야구계에서 단체교섭을 벌일 때 주로 이 기법이 사용되었다.

사법부의 조정 (Judicial Mediation)은 판사가 분쟁을 해결할 최종 권한을 갖고 최종 결정을 내리기 전에 조정을 하는 방법이다.

이처럼 판사에게 조정역할과 최종 결정권을 동시에 맡기는 것이 옳은 방법인지에 대해서는 논란이 많다. 분쟁 당사자들이 판사에게 모든 것을 솔직하게 털어놓을 리가 만무하기 때문이다. 따라서 분쟁이 해결될 듯한 징조를 보일 때 판사가 그 분쟁사건을 전문 조정자에게 위탁하는 편이 나을 것이라는 주장이 적지 않다.

현재 사법부는 이런 우발적 사건을 조정하는 절차를 마련하고 있으며, 분쟁이 해결되지 않을 때에도 조정기간 동안 주고받은 발언은 법정에서 증거로 사용할 수 없다고 판결하는 현명함을 보여주고 있다.

입법부의 결의 (legislative action)도 분쟁해결을 위한 한 방법이다. 그러나 분쟁 당사자들에게는 그런 결의를 발의하거나 제한할 권한이 없다. 물론 입법부의 이해관계를 부추기고, 입법부가 그들에게 유리한 결정을 내도록 로비를 펴면서 목소리를 높일 수는 있다. 하지만 최종 결정의 순간에는 어떤 목소리도 낼 수 없다.

I부
협상 : 합법적인 허세와 허풍

협상의 구조 : 분쟁해결을 위한 기본 기법

분쟁해결을 위한 주요 기법의 하나인 협상은 사전에 "협상하는 행위나 과정으로서 협상을 한다는 것은 타인과 의논해 어떤 문제의 해결점에 이르는 것을 뜻한다"고 정의되어 있다.

우리는 깨어 있는 동안 끊임없이 협상하고 있다. 또 우리가 잠들어 있는 동안에도 협상은 계속되고 있는지도 모른다. 이런 점에서 협상은 매우 역동적인 것이다.

사실 협상은 여러 이름으로 불려지고 있다. 하지만 셰익스피어가 말했듯이 "이름이 무슨 상관인가? 우리가 장미를 다른 이름으로 불렀더라도 장미는 똑같은 향내를 풍겼을 것이다." 여하튼 외교 관계에서도 협상이란 말은 중요한 위치를 차지한다. 사전에서도 외교를 "국가간의 협상을 진행하는 기술 혹은 관례"라 정의하고 있지 않은가.

노사관계에서 협상은 단체교섭이라 불린다. 연방노동관

계법에서는 협상을 "고용주와 고용인 대표가 합리적인 시간에 만나서 신의와 성실을 원칙으로 임금, 노동시간 등 고용에 관련된 제반 규정이나 조건에 대해 논의해야 하는 상호 의무"라고 정의하고 있다. 이익단체는 로비를 벌이고, 비영리단체는 기부금을 요청하고, 거렁뱅이는 구걸을 한다. 이런 모든 것이 협상이다. 알든 모르든 간에 모두가 일종의 협상을 벌이고 있는 셈이다.

협상 : 전략 게임

토마스 C. 쉘링 하버드대학 교수는 《갈등 전략(*The Strategy of Conflict*)》에서 각 선수의 최적 동선(動線)은 다른 선수들의 동선에 따라 달라진다는 사실을 증명할 목적으로 게임이론에서 '전략'이란 개념을 차용했다. 쉘링에 따르면 그런 게임은 순전히 운으로 결정지어지는 게임이나 선수들의 재능에 주로 의존하는 게임과는 구분되는 것으로, 상대방의 결정만이 아니라 선수 하나하나의 행동에 대한 기대치로 결정된다.

기술적 게임이냐, 운에 맡긴 게임이냐, 전략적 게임이냐를 결정짓는 요인은 게임의 주된 특징에 따라 달라진다. 예를 들어 테니스는 기술력이 승패를 좌우하는 게임이다. 아마추어 선수가 프로 선수와 코트에서 공을 주고받는 순간 그 사실을 금방 깨닫게 된다. 한편 룰렛은 운을 실험하는 게임이며, 역도는 순전히 기술이 요구되는 게임이다.

협상에도 기술이 필요하고 운이 결과에 영향을 미치기도

하지만, 협상은 전략이 절대적으로 필요한 게임이다. 대개의 경우 쌍방이 만족하는 합의점을 향해 양측 모두가 움직이는 듯하지만, 실제로는 어느 한쪽이 주도하는 방향으로 움직이고 있는 것이다.

협상 : 연습과 훈련으로 다듬어지는 기술

일생 동안 우리는 사회 활동에 투자하는 시간보다 타인과 협상하는 데 더 많은 시간을 보낸다. 그런데 그런 협상을 벌이고 있다는 사실조차 깨닫지 못하는 경우가 많다. 예를 들어 아내와 어떤 영화를 보러 갈 것인지를 두고 실랑이를 벌일 때, 그것을 협상의 과정이라 생각하는 사람은 거의 없다. 하지만 그처럼 간단한 말다툼도 '합의를 목표로 한 논의'라는 협상의 정의에서 벗어나지 않는다.

사실 협상력을 훈련받거나 협상가라는 면허증을 부여받은 사람은 없다. 협상은 자연스런 현상이다. 가령 아기가 젖을 달라고 울어대는 것도 궁극적으로는 협상을 원하는 것이다. 협상을 잘 하는 것은 예술이지 과학이 아니다. 지식이 뛰어나다고 협상을 잘 하는 것도 아니다. 타고난 협상가가 있기는 하지만 협상력은 훈련과 연습을 통해 다듬어지고 강화되는 것이다.

협상은 평탄한 운동장에서 이뤄져야 한다는 말을 종종 듣는다. 양측이 동등한 협상력을 갖추고, 동등한 능력으로 협상 전략을 구상하며, 협상 과정에서 행운과 불운이 양측에 동등하게 작용할 때 협상이 이상적일 수 있다는 뜻이다.

그러나 현실에서 운동장은 결코 완벽하게 평탄하지 않다. 양측을 대리한 협상가들의 상대적인 협상력과 수완은 차이가 있기 마련이다.

현상(現狀)에 변화를 주는 것

협상은 현상에 변화를 주는 것이다. 쌍방이 현재의 상태에 만족한다면 협상을 벌일 이유가 없다. 예를 들어 기업이 물건의 가격을 인상하고 싶을 때, 노동조합이 임금을 인상시키고 싶을 때, 땅주인이 임차료를 인상시키려 할 때, 한 국가가 다른 국가의 국경을 넘어가려 할 때, 요컨대 현상에 어떤 변화가 있을 때 협상할 여지가 생기는 법이다.

때로는 양측 모두가 현상에 변화를 주려 할 때도 있다. 때로는 적극성을 띤 한쪽의 요구가 상대에게 역제안을 하도록 부추길 수도 있다. 물론 전략적 이유로 역제안을 하는 경우도 있다.

앞서 가는 데 따르는 부담

현상에 변화를 모색하는 쪽은 필연적으로 어떤 제안을 해야 하므로 앞서 가는 데 따르는 부담을 지기 마련이다. 그 제안이 거부될 경우 현상을 유지하려는 쪽이 주도권을 쥐게 된다. 이때 현상을 그대로 인정하면서 협상을 포기할 것이냐 상대에게 반응을 해야 한다는 부담을 지우며 계속 전진할 것이냐는 전적으로 변화를 모색하는 측에 달려 있다.

단체교섭을 갱신하거나 새로운 단체교섭을 협상할 때 노

조와 경영진은 이런 실랑이를 자주 벌인다. 과거 노사간의 협상은 노동조합의 임금 인상 요구로 시작되는 것이 보통이었다. 경영진이 임금 인상 요구를 거부할 때 노동조합의 전통적인 대응법은 파업이었다. 그러나 파업은 노동자에게도 손해이기 때문에, 이제 노동조합은 파업이란 극단적인 조치를 취하기 전에 몇 번이고 숙고하는 신중한 자세를 보이고 있다.

최근의 사례를 분석해보면 협상에 변화를 주려는 경영진의 적극적인 자세를 볼 수 있다. 경영진이 임금 삭감을 요구하거나 고용 규정과 조건에서 여타 조항을 삭제하려 할 때 노동조합이 그런 불이익의 수용을 거부할 경우, 경영진이 진퇴양난의 상황에서 어쩔 수 없이 노동조합에 그런 제안을 한 것이라면 직장폐쇄라는 합법적인 수단을 사용할 수 있다.

일반적으로 직장폐쇄는 파업과 다름없는 극단적 조치란 비난이 따를 것이기에 경영진은 좀더 나은 방법을 생각하게 된다. 그들이 어쩔 수 없는 상황에서 선의로 노동조합에 협상을 요구했다면, 그들이 제안한 변화를 일방적으로 강요할 수도 있다. 공이 노동조합에게 넘어간 셈이다. 노동조합은 경영진이 강요하는 변화를 받아들이거나 그렇지 않으면 파업을 벌이게 된다.

전략적 이유로 구단주와 선수들이 매년 치솟는 연봉을 협상할 때 야구계와 농구계는 정반대 입장을 취했다. 프로야구 선수들은 구단별로 지불하는 연봉 총액에 상한선을 두겠다는 구단주의 제안에 반발해서 무려 234일을 파업했다. 한편 프로농구단의 구단주들은 예전에 합의된 샐러리 캡의 변화에 반발하는 선수들을 농구장에서 쫓아내는 조치를 취했다. 결국 프로에서 활약한 연수에 따라 개인 연봉에 상한선을 두는 새로운 방식으로 분쟁을 끝낼 수 있었다. 4부에서 다시 논의하겠지만 프로 스포츠계의 소동은 연봉에서는 개별교섭, 그 밖의 사안에 대해서는 단체교섭이라는 두 가지 교섭체계가 낳은 필연적인 결과였다.

협상의 라이프 사이클

협상의 라이프 사이클은 세 단계로 이뤄진다. 세 단계의 시간적 간격은 짧을 수도 있지만, 의외로 긴 시간일 수도 있다. 전형적인 협상에서 쌍방은 1단계에서 서로 요구사항을 교환하고, 2단계에서는 그것을 두고 논쟁을 벌이고, 3단계에서는 합의점을 찾게 된다.

한층 복잡한 분쟁의 경우 쌍방은 1단계에서 목표를 장황하게 밝히는 경향이 있다. 말하자면 그들이 원하거나 주는 것을 나열하는 데 그치지 않고 그 이유까지 자세하게 설명한다. 대부분의 경우 이 단계에서는 목표를 명확히 하기 위해서 제기된 의문점만이 아니라 쟁점까지도 폭넓게 논의된다. 그러나 쌍방은 세 단계 모두에서 상대가 협상을 통해 진정으로 얻어내려는 것이 무엇인지 알아내려 애쓰게 마련이다. 앞에서도 지적했듯이 양측은 가능한 빠른 시일 내에 분규의 원인과 쟁점이 무엇인지 명확히 규정해서, 각자의 주장을 뒷받침하려 제시한 증거나 실상의 정확성과 관련성을 따져보아야 한다.

2단계에서 쌍방은 자신의 주장에 대한 타당성을 강조하면서, 상대의 주장에서 약점을 찾으려 할 것이다. 또한 그들이 원하는 것을 얻지 못했을 때 취하게 될 반응에 대한 위험성을, 반면에 그들이 원하는 것을 얻었을 때 보답으로 주게 될 장밋빛 약속을 명시적으로나 암묵적으로 표시하게 된다. 침묵 또는 말다툼에 동반되는 몸짓에 의미심장한 뜻이 담길 수도 있다. 어쨌든 이 단계까지 협상은 주로 말로 진행되며, 어떤 위협이나 약속을 넌지시 알리는 공개적인 행동은 없다.

파국 : 돌아올 수 없는 강

분쟁의 라이프 사이클에서 세 번째 단계는 최종시한, 혹은 파국(협상의 과정에서 어떤 결정도 없는 것이 최종 결정이 되는 상황)이라 불리는 상황에 맞서는 단계이다. 파국에 이르기 전까지 쌍방은 머뭇다면서 처음 입장에서 크게 물러서려 하지 않는다. 솔직히 파국에 이르기 전까지는 결정을 차일피일 미루어도 큰 위험은 없다. 하지만 파국 단계는 어떤 식으로든 결정을 내려야 하는 시간이란 뜻이고, 이때 올바른 결정은 보상을 받겠지만 잘못된 결정은 비난을 면할 수 없게 된다.

1999년 1월 6일 수요일 오랫동안 지루하게 계속되던 프로농구 선수들의 축출 문제가 해결되었다. 그 전날까지는 명백히 파국 상황이었다. 구단주들은 노동조합이 그들의 '최종안'을 받아들이지 않는다면 바로 다음날부터 시즌을 포기하겠다고 협박했다. 노동조합의 집행위원회는 수요일에 전 조합원 투표를 실시하기로 했다. 구단주들의 최종안을 받아들이는 것으로 결론이 날 경우 그것은 노동조합의 패배와 파업 종식을 뜻하는 것이었다. 그럴 경우 당연히 선수들은 분열될 것이고, 불만스럽고 울적한 기분으로 구단을 위해 최선을 다하고 싶은 의욕이 생길 리 만무했다. 한편 최종안을 거부할 경우 그것은 분쟁의 계속, 즉 시즌 종결을 의미하는 것이었다. 바로 다음날 닥칠지도 모를 끔찍한 결과를 염려했던 까닭에 양측은 밤새워 토론하며 마침내 서로에게 만족스런 최종안을 끌어낼 수 있었다.

미국 광산노동조합연합회의 노련한 지도자이며 산업별 노동조합(CIO)의 창설자인 존 L. 루이스는 파국 상황의 중대성을 매우 잘 이해하고 있던 사람이었다. 연차별 노사계약을 위한 단체교섭을 진행하면서 그는 끊임없이 '계약 없이는 노동도 없다'는 사실을 주지시켰다. 말하자면 기존의 단체협약이 종결되는 날까지 새로운 합의에 도달하지 못하면 곧바로 파업에 들어가겠다는 뜻이었다. 광산 노동자들과 교환수들은 루이스가 무슨 뜻으로 그렇게 말했는지 과거의 경험을 통해 분명히 알고 있었다.

루이스의 파업 위협은 양측 모두에게 기존 계약이 종결되는 날까지 새로운 계약을 체결해야 한다는 강박감을 갖게 했다. 계약이 체결되지 못할 경우, 다음날로 광산은 폐쇄되고 광산 노동자는 실업자가 되어야 했기 때문이다. 그 덕분이었던지 최종시한, 즉 파국의 날이 되기 전에 양측은 새로운 합의에 이르렀다.

GM의 1998년 파업을 종식시킨 이례적인 파국

미시간주 플린트에 소재한 GM의 두 공장에서 1998년 늦봄과 초여름에 각각 49일과 56일 동안 계속된 파업을 서둘러 종식시킨 것은 이례적인 파국이었다. 당시 종결된 중재 청문회가 어떤 결정을 내릴지 양측 모두가 우려한 까닭이었다. 중재자는 30일 이내에 어떤 결정을 내려야 했지만, 최종시한 이전이라도 결정을 발표할 수 있었다. 파업에 돌입한 두 공장이 제공하는 부품에 의존해야 했던 20만 명 가량의 조립공장 노동자들은 빈둥대며 시간을 보내고 있었다. 그 파업으로 회사측은 매출에서 30억 달러, 이익에서 20억 달러 손해를 보았고, 노동자는 10억 달러의 임금을 상실했다.

GM은 미국 자동차노동조합연합회(United Auto-mobile Workers, UAW)와의 단체교섭안에 따라 중재를 요청했다. 노사관계의 일반적인 관례가 그렇듯이, 그 교섭안이 유효한 동안에는 파업이나 공장폐쇄가 금지되었고 그 기간 동안 야기되는 분쟁을 해결하기 위해 중재를 요청할 수 있었다.

그러나 GM과 UAW는 지방 공장의 특수한 문제를 다루는 노동조합 지부들과도 일정한 협약을 맺고 있었다. 물론 이 협약에서도 파업과 직장폐쇄는 금지되어 있었고 중재를 요청할 수 있었지만, 세 경우에 한해 파업이나 직장폐쇄를 허용하고 있었다. 즉 건강과 안전, 계약 파기, 그리고 생산 기준이었다. 이 쟁점들은 양측 모두에게 무척이나 중요한 사안이었기 때문에 중재자에게 결정을 맡기기보다는 자력으로 해결하려 했던 것이다.

UAW는 미시간의 두 공장이 그런 쟁점 때문에 중재를 요청하지 않고 파업하는 것이라 주장했다. 하지만 GM은 UAW의 주장에 동의하지 않았다. 기존 협약이 종결되는 1999년 9월에야 논의 대상이 될 수 있는 전국적인 쟁점에 미리 압박을 가하여 지역 파업을 악용하는 것이라 반박했다. 양측이 합의한 계약에 따라 상임 중재자 역할을 맡고 있던 톰 로버츠에게 그 파업의 성격을 규정해 달라는 요청이 있었다. 그 파업의 범위가 지역적인 것인지 전국적인 것인지를 판결해 달라는 요청이었다. 로버츠가 GM의 손을 들어줄 경우 파업은 중단될 수 있지만, 반대로 합법적인 파업이라 판결할 경우 지방 공장들의 파업이 확대되어 전국적으로 확산될 위험이 있었다.

중재 청문회가 종결될 즈음, GM과 UAW는 중재자가 그들에게 불리한 결정을 내릴 경우 감수해야 할 부담을 생각지 않을 수 없었다. 결국 중재자가 어떤 결정을 내릴 것인가에 대한 두려움이 파국의 분위기를 조성하며 분쟁해결을 재촉하게 했다. 당사자들이 분쟁을 해결하지 않으면 중재자의 판결은 파업을 종결하라는 강제명령이거나 파업을 더욱 거세게 확산시킬 빌미가 되는 결정일 수밖에 없었다.

GM과 UAW 모두 중재자에게 판결을 맡기기에는 위험성이 너무 컸다. 어차피 1999년 9월에 있을 협상에서 전국 분쟁과 지역 분쟁을 경계짓는 선에 대해 논의할 예정이지 않았던가. 그때 가서 현재의 쟁점에 대한 절충안을 찾는 것이 훨씬 슬기로운 대 책이었다.

비밀리에 모이고, 그 결과를 공개하라

1918년 1월 8일 의회 연설에서 우드로 윌슨 대통령은 전후 평화협상을 위한 14가지 전술을 하나씩 상세히 설명했다. 그 중 가장 주목을 받았던 전술은 "평화회담은 공개리에 열릴 것이고, 그 결과도 공개한다!"였다. 그러나 현실은 그렇지 않다. 대부분의 주요 협상에서 확인되듯이 비밀리에 모이고, 그 결과를 공개하는 것이 일반적인 관례이다. 협상 결과가 공개되지 않는다면 매수당할 위험이 있겠지만, 그 결과가 적절한 방법으로 공개된다면 그런 위험을 피할 수 있다.

연차별 노사계약 협상을 시작할 때 자동차 업계의 협상가들은 그들의 주장을 언론에 발표해 대외적으로 알리는 전략을 구사한다. 이런 발표는 협상 상대를 위한 것이 아니라 노조원을 비롯한 대중에게 그들의 주장을 알려서 영향력을 행사하려는 것이다.

그러나 협상의 적절한 시점에서 양측은 언론 발표를 중단한다. 그것은 본격적인 협상에 돌입했다는 신호이며, 합의점에 다가서고 있다는 신호로 해석해도 좋다.

협상 테이블, 대체 어디에 있는가?

농구나 축구가 운동장에서 열리는 것을 당연하게 생각하듯이, 협상은 당연히 협상 테이블에서 진행되는 것이라 생각하는 경향이 있다. 그러나 협상은 언제 어디에서나 열릴 수 있다. 협상가들이 언제 한자리에 모이고, 협상 테이블을 어디에 마련하느냐는 것도 중요하지만 협상가들이 언제나 한 방에 모여 있을 필요는 없다. 전화, 팩스, 전자우편으로도 협상은 가능하다. 논쟁을 벌이지 않고서도 양측은 협상할 수 있다. 어떤 제안이 있을 때 아무런 반응을 보이지 않는 것이 때로는 불손한 태도라 여겨져 손가락질 받을 수도 있지만, 그것도 협상의 한 부분일 수 있다. 무언의 응답으로 해석할 수 있기 때문이다.

1970년대 초 파리에서 베트남 평화회담이 시작되었을 때 협상 테이블 모양을 두고 일대 설전이 벌어졌다. 한쪽은 사각형 테이블을 주장했고, 다른 쪽은 원형 테이블이어야 한다고 주장했다. 어리석은 다툼처럼 보였지만 베트콩과 베트남인이 독립된 표결권을 지닌 참여자로 인식되느냐 아니면 단순히 북베트남과 미국의 앞잡이로 인식되느냐를 결정하는 단초이기도 했다.

대다수의 협상에서 협상 테이블은 쌍방이 각자의 의사와 정보를 교환하는 공간일 뿐이다. 대부분의 중요한 사안들은 협상 테이블에서가 아니라 실무회담에서 거의 결정된다. 물론 실무회담을 부정직한 거래가 오가는 비밀회담이라 비난하는 모략가들도 있지만, 실무회담은 꼭 필요하다.

베트남 평화회담에서도 형식적인 만남은 파리의 마제스틱 호텔에서 있었지만 실제 협상은 은밀한 장소에서 이뤄졌다. 호텔에서의 회담은 그저 대외 홍보용이었다. 회담이 공개되었다는 사실만으로도 그런 추측은 충분히 가능했다. 당시 나는 평화회담에 대한 글을 쓰고 있었기 때문에 그 공개된 회담에 참관했었다. 우습게도 회담 대표들이 하는 일이라고는 윗선에서 미리 준비해준 성명서를 번갈아 읽는 것뿐이었다. 한쪽이 새로운 접근을 제안하면, 상대는 윗선에서 어떤 지시가 내려올 때까지 아무런 반응도 보이지 않았다. 그러나 그들이 어떤 식으로든 반응을 보이기 전에, 그들이 읽어내려간 성명문은 언론을 통해 전세계에 알려졌다. 이런 모습에서 보듯이 실질적인 협상은 대중에게 공개된 회담에서 이루어진 것이 아니다.

나는 협상에 대한 글을 보다 알차게 쓰고 싶은 생각에 북베트남 대표에게 인터뷰를 신청했고, 그 인터뷰에서 북베트남 대표는 비밀회담이 따로 진행되고 있음을 확인해주었다. 그러면서 무심코 내게 한 가지 일화를 말해주었다. 한 회담에서 그는 미국측 협상 대표였던 헨리 카보트 로지에게 무척이나 건강해보인다고 말했다. 로지가 "매일 실내용 자전거를 타고 있습니다"라고 대답하자, 그는 동료에게 얼굴을 돌리며 "우리 회담이 조금도 진척되지 않는 게 당연하구만!" 하고 속삭였다는 것이다.

노련한 협상가라면 대중에게 공개된 그 회담이 알찬 협상을 끌어내기 어렵다는 사실을 쉽게 깨달았을 것이다. 그럼에도 양측이 공개회담을 가졌던 주된 목적은 그들이 전쟁을 끝내려 노력하고 있다는 모습을 지지자들에게 알리는데 있었다. 그들이 공개회담에서 주고받은 발언에서도 전쟁을 끝내기 위한 논의가 다른 장소에서 비밀리에 진행되고 있다는 것을 말해주고 있었다.

협상 테이블의 대변인

"두 사람이 같은 말에 타려면, 한 사람은 필히 뒤에 탈 수밖에 없다!"

셰익스피어의 《헛소동》에 나오는 대사이다. 협상에서는 두 마리의 말이 준비된다. 한 마리는 대변인 역할을 맡은 사람의 것이고, 다른 한 마리는 의사결정을 책임진 사람의 것이다. 한 사람이 두 역할을 동시에 해낼 수도 있지만 반드시 그래야 할 당위성은 없다.

노사협상에서 의사 결정권자는 대개 기업측의 최고 경영자이다. 하지만 최고 경영자가 협상 테이블에 나서는 경우는 거의 없다. 또한 노사관계위원회의 위원장은 기업측의 대변인처럼 행동하는 것이 다반사이다. 협상 테이블에서 노조측의 대변인은 노동조합의 최고위직이 보통이며, 직능별 위원회의 대표들을 동반해서 협상 테이블에 자주 모습을 드러낸다. 그러나 그들이 합의한 사항들은 대부분 노조원의 비준을 받아야만 한다.

경영진과 노동조합은 임금을 비롯해 여타 고용조건을 놓고 격렬히 다투는 등 우여곡절을 겪지만 결국에는 합의에 이른다. 경영진과 노동조합은 동전의 양면과도 같아서 혼자서는 존재할 수 없다. 수많은 분규의 현장에서 실제로 경험했던 것에 비추어볼 때, 며칠 전까지 '목숨을 내놓고 싸우던 적'이 처절한 전쟁의 해피엔딩을 선언해주는 사람이 될 수도 있다는 사실을 잊어서는 안 된다.

쌍방이 더불어 살아야 하는 지속적인 관계, 분쟁 당사자들이 다시는 얼굴조차 보지 않을 것처럼 다투는 협상 초기와 마지막 단계에서의 분쟁, 이 둘 사이에는 커다란 차이가 있게 마련이다. 단발성 거래에서는 현재 상황에 주로 초점이 맞춰지지만, 지속적인 관계를 고려해야 할 때에 과거는 현재 또는 미래를 결정짓는 밑거름이 된다.

개인적 협상과 단체를 대표한 협상

한 개인은 직접 협상에 나설 수도 있지만, 대리인을 협상에 내세울 수도 있다. 어떤 경우이든 그가 최종적인 의사 결정권자이다. 직접 협상가로 나선다면 그는 누구에게도 자문을 구할 필요가 없지만, 변호사나 컨설턴트를 고용한다면 그들과 긴밀하게 의견을 나눌 수 있다.

기업, 노동조합, 정부기관 등 단체와 관련된 협상은 상당히 복잡한 양상을 띤다. 단체는 물리적으로 독립된 유형의 존재가 아니다. 단체는 법률을 연구하는 개인들이 만들어낸 생명 없는 개체이며, 대리해서 협상하고 결정을 내려주는 개인을 통해서단 생명력을 인정받는다. 단체의 의사는 둘 이상의 의사 결정권자들의 의견 조율로 결정되는 것이 보통이지만, 한 사람이 단독으로 결정하는 경우도 간혹 있다.

의사 결정권자가 한 사람 이상일 경우 그들은 당면 과제를 두고 입씨름을 하기 마련이다. 물론 말다툼을 벌이는 이유는 실제 협상에서 유리한 입장을 차지하기 위해서이다. 그럼에도 그들의 논쟁은 실제 협상에 앞서, 때로는 실제 협상을 반추하며 벌이는 일종의 협상이다. 따라서 협상 테이블에 마주 앉은 분쟁 당사자들간에 진행되는 협상도 있지만, 협상 테이블 밖에서 의사 결정권자들끼리 벌이는 협상도 있다.

단체가 의사결정을 어떤 식으로 하든간에 의사를 결정하는 개인(들)의 바람은 그 단체의 실무자들이나 단체를 대리한 외부인사에 의해서 성취되는 것이 일반적 현상이다.

협상 대표단은 그 단체의 최고 책임자로부터 권한을 위임받기 때문에 협상을 시작하기 전에 목표와 전략 그리고 위임받은 권한의 범위를 최고 책임자와 상의해야 한다. 또한 합의점을 향해 진행되는 협상 과정에서도 이 모든 요소들을 재점토하고 수정할 수 있다.

협상가의 최대 목표는 자신을 고용한 책임자에게 최대의 이익을 안겨주는 것이지만, 그의 동의를 얻어내기 위해 실랑이를 벌이기도 해야 한다. 따라서 협상가는 고용자에게 최선의 결과를 안겨주는 것도 중요하지만, 얻어낸 결과가 최선의 것이라고 고용자를 납득시키는 것도 중요하다.

언젠가 나는 한 협상가에게 이런 질문을 해보았다. 고용자에게 기대한 만큼 최선의 결과를 안겨주었지만 고용자가 그의 협상력을 전혀 인식하지 못할 경우와 썩 훌륭한 결과를 얻어내지는 못했지간 고용자가 만족해하며 그의 협상력을 칭찬하는 경우 어느 쪽이 더 낫겠냐고 물었다. 그가 어떻게 대답했을까? 대답 대신 그가 수정헌법 제5조를 인용했다는 정도만 밝혀두기로 한다.[5]

협상가는 대표권을 위임받더라도 담판을 지을 권한까지 위임받았냐는 질문을 상대편에게 받을 수 있다. 협상가는 당연히 그럴 권한이 있다고 대답하고 싶을 것이다. 최종안을 담판지을 권한이 없다고 말한다면 상대는 그럴 권한도 없는 대표와 협상할 하등의 이유가 없다는 반응을 보일 것이 뻔하기 때문이다.

협상가에게 권한을 완전히 위임하는 것은 바람직하지만 현실은 그렇지 않다. 물론 협상가는 고용자마저 구속할 정도로 전권을 위임받았다고 주장하지만 그런 주장은 지나치게 과장된 것이다. 역사상 기업의 존폐를 결정할 정도의 권한을 위임받았던 협상가는 없었다. 따라서 협상가는 고용자의 의중을 염두에 두면서 합의문을 작성하기 전에 몇 번이고 신중하게 생각해야만 한다.

대표권을 가진 협상가는 어떤 권한을 부여받았더라도 최

---

5) 미국 수정헌법 제5조는 인권의 범위를 규정하고 있는 조항이다. 전시 등 국가적 위기 상황이 아닌 한 생명과 자유와 재산을 보호받을 권리, 정당한 보상없이 사유재산을 강제로 빼앗기지 않을 권리 등을 명시하고 있다.—옮긴이

종 합의문을 작성하기 전에 궁극적인 의사 결정권자의 의사를 거듭해서 확인해야 하는 법이다. 이처럼 고용자의 의견을 묻는 것에 대해 협상가가 해명할 이유는 전혀 없다. 그의 상대도 궁극적인 의사 결정권자에게 최종안의 수용 여부를 묻는 것을 당연하게 생각할 것이기 때문이다.

단체의 경우는 실무진에게 최종 결정을 내릴 권한이 부여될 수도 있다. 기업의 경우 궁극적인 주인은 주주(株主)이지만 대기업이 협상하는 과정에서 주주들에게 의견을 묻는 경우는 거의 없다. 주주는 이사진을 인증하는 주주 총회에서 개별적으로 의사를 표현할 수 있을 뿐이다. 그러나 노동조합은 규모의 크기를 불문하고 조합원의 비준을 얻어야 할 합의사항이 있을 경우 임시 총회를 갖는다. 따라서 협상에 나서는 노조 지도자들은 최종 의사 결정권자인 전체 조합원이 수긍할 수 있을 것이라 판단되는 합의를 끌어내려 노력하기 마련이다.

어려운 협상 끝에 마련한 합의안이 비준을 요청한 조합원들에게 거부당할 때, 협상가에게는 그처럼 당혹스런 경우가 없다. 전국도시연맹의 집행이사였던 휘트니 M. 영은 조합원의 열망에서 한치도 어긋나지 않으려 언제나 노심초사했다. 안타깝게도 너무 일찍 세상을 떠난 그는 언젠가 나와 리더십에 관한 이야기를 나누던 중, "내 동료들처럼 말하고 있는 내 모습을 볼 때마다 내 자신이 미워 죽을 지경이야"라고 말한 적이 있었다. 마찬가지로 네타냐후 수상과 아라파트 위원장은 클린턴 대통령의 적극적인 개입으로 체결한 합의안 때문에 국민의 거센 반발에 부딪혀야 했다.

협상과 언론

분쟁해결은 일종의 커뮤니케이션 훈련이다. 쌍방이 직접 얼굴을 맞대고 협상하는 것이 일상적이지만 조정자를 통해 의견을 나누거나 언론을 이용해 신호를 보내는 경우도 있다. 말하자면 상대의 의중을 떠보는 발언을 흘리고, 상대를 협박하거나 보상을 약속하는 발언도 넌지시 전달하면서 상대의 협상력과 과단성을 추정해볼 수 있다. 상장기업, 노동 조합, 정치단체, 정부기구, 특수 이익단체 등 대규모 구성원을 지닌 단체들간의 분쟁일 경우 양측은 상대편뿐만 아니라 각자에 속한 구성원과 대화하는 방법으로 언론을 이용한다.

언론과 접촉하는 것도 특별한 수완이 필요한 일종의 협상이다. 특히 언론이 어떤 식으로 운영되는가를 알아야 한다. 따라서 언론을 통한 선전을 위해 언론과 접촉하는 데 도움을 받으려 홍보 전문가를 고용할 필요성을 역설하는 협상가도 있다.

언론 보도는 필연적으로 대중의 관심을 끌기 때문에 대부분의 분쟁 당사자와 기업은 언론에 보도되는 것을 극도로 꺼리며, 협상을 복잡하게 만들려하지 않는다. 그들은 세간의 평판에 민감하게 반응하며, 적절치 못한 시기에 괜스레 세상이 알게 되어 협상의 입지를 악화시킬 수도 있다고 우려한다. 언론은 필연적으로 어느 한쪽에 불리할 수밖에 없는 정보를 추적하게 마련이다. 또한 명망 있는 신문의 평론은 협상 결과에도 지대한 영향을 미칠 수 있다. 특히 그 평론이 분쟁중인 쟁점에 대해 판결을 내릴 때에는 더욱 그렇다.

대중의 관심이 쏠린 분쟁의 경우 기자들은 협상가들에게 압력을 가해 협상 진행 과정에 대한 정보를 얻어내려 한다. 때때로 기자들은 좀더 심도 있는 정보를 캐내려는 욕심으로 사건을 날조해서 협상가들을 난처한 지경에 빠뜨리기도 한다.

협상은 흥정이다. 이런 이유로 협상가는 적절한 시기에 입장에 변화를 주면서도 궁극적인 전략은 언론에 드러내지 않는다. 협상에 임하는 입장을 분명히 하라는 압력을 받게 될 때 조금이라도 경험 있는 협상가라면 즉답을 피해가는 방법을 찾게 된다. 협상 테이블에서 맞닥뜨리게 될 질문에 즉답을 교묘히 피해가면서 언론을 오도(誤導)하지 않도록 조심해야 한다.

운송직 노동자연맹 의장이던 마이클 J. 퀼은 속마음을 감추지 못하는 것으로 유명했다. 언젠가 한 기자가 1달러의 삭감을 감수하겠냐고 물었을 때 그는 성난 목소리로 "1페니의 삭감도 용납치 않을 거요!"라고 소리쳤다. 하지만 그는 최종적으로 엄청난 액수의 삭감을 양보해야 했다.

내가 밤새 협상한 결과를 언론에 대략적으로 알려줄 때 간혹 기자들로부터 겨우 그까짓 것을 얻어내는 데 그렇게 긴 시간이 걸렸냐는 질문을 받곤 했다. 미적지근한 내 대답에 언론은 좀처럼 만족해하지 않았다. 하지만 뉴스거리가 될 만한 것이 전혀 없었다고 해서 오랜 시간 진행된 협상이 진전되지 않은 것은 아니다. 협상이 최종 결론을 향해 노력한 만큼 다가서고, 쌍방이 걸림돌로 여기던 것에 대한 이해의 폭이 넓어지면서 합의점에 도달할 가능성도 커졌다는 뜻이기도 하다. 대부분의 경우 분쟁 당사자들은 제3자가 생각하는 것보다 훨씬 깊은 진전을 이뤄내고 있다.

신문사연합노조가 관여된 대규모 분쟁에서 한 저명한 기자는 노동조합의 회의실에 우연히 들렀다가 협상가들이 둘러 앉아 카드를 치고 있는 것을 목격하고 놀라지 않을 수 없었다. 그들은 신문사 경영진의 응답을 기다리면서 지루하던 차에 날씨 이야기를 주고받으면서 카드놀이를 하고 있었던 것이다. 복잡한 협상에서도 지루한 시간이 있기 마련이다. 상대편과 얼굴을 맞대고 담판해야 하거나 새로운 제안에 대한 대응책을 고민할 시간이 닥칠 때까지 협상가들이 빈둥대며 시간을 보내는 것은 흔한 일이다.

암묵적 협상 : 쿠오모 대 클린턴

분명한 입장을 나누거나 함축적인 의사를 넌지시 던지는 것으로 협상이 진행될 수도 있지만, 침묵의 교환으로 협상이 이뤄질 수도 있다. 실제로 얼굴을 맞댄 협상으로 쉽게 풀리지 않던 문제가 암묵적인 협상으로 해결된 적도 있었다. 연방 대법관의 지명을 두고 클린턴 대통령과 마리오 M. 쿠오모 뉴욕주지사 간의 실랑이는 암묵적 협상으로 해결된 사례이다.

다음과 같은 추측을 통해 암묵적 협상이 무엇인지 이해해보자. 변호사이자 법학 교수를 지냈고 당시 뉴욕 주지사를 역임했던 쿠오모는 저스티스 화이트 판사의 후임으로 클린턴이 자신을 지명해주기를 바랐을 것이다. 한편 1992년 유세에서 클린턴은 쿠오모가 연방 대법관이 되기에 충분한 자격을 갖추었다고 말했지만 쿠오모를 그 자리에 지명하는 것은 꺼렸다. 하여간 공석(空席)이 생긴지 몇 개월이 지나도록 클린턴은 어떤 조처도 취하지 않았다. 내 추측대로라면, 클린턴이 쿠오모를 지명하고 싶지는 않았지만 그를 지명하지 않을 적절한 명분을 찾아내지 못하고 있다는 증거였다.

워싱턴의 언론들은 계속해서 쿠오모를 가장 유력한 후보라 보도하고 있었기 때문에 클린턴의 침묵은 더욱 수수께끼처럼 여겨졌다. 그렇게 결단을 내리지 못한 채로 몇 개월이 지났을 때, 클린턴이 쿠오모 주지사와 3월 29일에 접촉을 시도했지만 쿠오모 주지사는 4월 1일 밤에야 클린턴을 만났다는 보도가 있었다.

회담 내용에 대해서 백악관과 쿠오모는 함구로 일관했다. 그러나 클린턴이 연방 대법관에 다른 사람을 지명할 가능성을 열어두고 싶었기 때문에 쿠오모에게 그 자리를 제안하지 않았을 것이란 추측이 있었다.

또한 쿠오모가 연방 대법관 후보로 거론되는 것을 원하지 않는다고 클린턴에게 말했다는 보도도 있었다. 실제로 쿠오모는 4월 7일 대통령에게 보낸 편지에서 그런 사실을 확인시켜주었고, 동시에 언론에도 발표했다.

그러나 《뉴욕 타임스》는 쿠오모가 연방 대법관으로 지명받지 못할 것이란 사실을 감지하고 그렇게 행동했을 것으로 추측했다. 물론 쿠오모는 4월 7일의 편지에서 대통령의 의도를 전혀 모르고 있었다고 말함으로써 그런 해석을 일축했다. 백악관도 이 점에서는 쿠오모의 주장을 확인해주었다.

클린턴이 쿠오모의 지명을 머뭇거리면서 몇 개월을 보낸 것은 쿠오모에게 의혹이 있다는 암묵적 신호였다. 쿠오모는 매우 예민한 정치인이다. 따라서 다른 후보를 선택할 경우 그로서는 결코 가볍게 넘길 수 없는 사건이었을 것이다.

또한 클린턴도 쿠오모에게 그런 좌절을 안겨주고 싶지 않았을 것이다. 이는 결코 무리한 추측이 아니다. 어쨌든 그 기간 동안 클린턴과 쿠오모는 암묵적으로 교감을 나누고 있었다. 마침내 쿠오모는 클린턴의 메시지를 확신할 수 있었고, 자신의 이름을 후보에서 철회함으로써 최소한의 자존심을 살릴 수 있었다. 이처럼 암묵적 협상으로 그들은 지루한 실랑이를 해결할 수 있었다.

협상의 역동성

협상에서 승리하는 법을 단시간 내에 습득하는 비결은 없다. 그렇지만 핵심적인 부분들을 제대로 이해하고 훈련함으로써 협상에 점점 능숙해질 수는 있다. 협상술만을 전문적으로 다룬 것을 포함해 갈등해결을 위한 유용한 서적이나 강좌는 많은 편이다. 대부분의 경우 그런 책이나 강좌는 상대를 물리치는 법을 가르치는 데 초점을 맞추고 있다.

최근에 나는 〈못처럼 냉정한 협상가가 되는 방법〉이란 주제로 열리는 세미나 안내 책자를 받았다. "협상 기술, 공격 계획을 짜는 법, 당신의 기술을 적극적으로 활용하는 법, 당신의 적에게 항복을 받아내는 법 등을 하나로 집약시키는 법"이란 흥미로운 주제도 있었다. 이 정도의 주제라면 당신도 배우고 싶은 욕심이 생길 것이다.

못처럼 냉정한 접근이 효과적일 때도 있겠지만, 기본적으로 협상에서 지향하는 목표는 당신이 원하는 것을 상대가 당신에게 주도록 동의를 얻어내는 데 있다. 상대를 협박해서 그렇게 만들 수도 있고, 상대를 설득해서 그렇게 만들 수도 있다. 그렇더라도 책상을 두들겨대며 고함을 질러대는 것이 매끈한 협상술이라 할 수는 없을 것이다.

1937년 데일 카네기는 《친구를 만들고 낯선 사람을 설득시키는 법(*How to Win Friends and Influence People*)》이란 책을 썼다. 제목대로 친구를 만들고 낯선 사람을 설득시키는 넉넉한 사례와 여러 원칙을 제시한 이 책은 곧 베스트셀러가 되었다. 카네기가 이 책에서 제시한 아홉 가지 원칙은 타인을 설득해서 당신이 원하는 것을 얻어내는 데도 유용하지만, 협상에서도 유용하게 써먹을 수 있는 것들이다.

1. 칭찬과 진심으로 감사하는 마음으로 시작하라.
2. 남의 실수는 에둘러서 지적하라.
3. 남을 비판하기 전에 당신의 잘못을 화제에 올려라.
4. 명령투로 말하지 말고 부탁하는 투로 말하라.
5. 상대의 체면을 지켜주어라.
6. 조그만 개선도 칭찬하고 어떤 개선이라도 칭찬하라.
  "진심으로 인정해주고, 칭찬을 아끼지 말라."
7. 떳떳한 자긍심을 상대가 느끼도록 하라.
8. 용기를 북돋워주어라. 실수는 언제라도 교정할 수 있다고 말해주라.
9. 당신이 제안하는 일을 하는 데 행복감을 느끼도록 하라.

또한 카네기는 친구를 만드는 데 있어서만 아니라 협상
에서 유용하게 응용할 수 있는 세 가지 '기본 기법'을 가르
쳐주었다.

> 1. 설득할 상대를 비판하거나 책망하거나 불평하지 말라.
> 2. 상대의 행동이나 발언을 솔직하고 진지하게 평가하라.
> 3. 당신이 제안하는 것을 '진정으로 해내고픈 욕망'을 상
>   대에게 안겨주라.

하지만 협상은 당신의 상대에게 즐거움을 주는 것 이상
의 의미를 갖는다. 요컨대 협상은 커뮤니케이션을 주고받
는 일종의 경쟁으로, 당신과 상대가 서로에게 반응하는 방
법에 따라서 그 결과가 크게 달라진다.

이론(異論)을 제기할 권리

협상 당사자가 추구하는 궁극적인 목표는 합의이기 때문에
의견 불일치의 가능성은 언제나 존재한다. 진정한 협상이
이루어지기 위해서는 양측 모두 상대의 의견에 공감할 권
리만큼 이론을 제기할 권리를 갖고 있어야 한다.

그렇다고 이론을 제기할 권리가 양측 모두에게 있다고
해서 양측이 똑같은 협상력을 갖는다는 것은 아니다. 노련
한 협상가라면 벽창호 같은 상대에게서 양보를 끌어낼 수
있겠지만, 상대의 협상력이 명백히 우월할 경우에는 양보
를 얻어내기란 거의 불가능하다.

라디오와 텔레비전에서 지독한 수전노로 등장했던 잭 베니는 강도가 들이닥쳐 돈이 아니면 목숨을 내놓으라고 협박할 때에도 머뭇거리는 모습를 보였다. 시간이 한참 지난 후에도 "아직 생각 중이오!"라고 대답하지 않았던가. 이런 고집스런 협상력이 관객에게 웃음을 자아내게 만들었다.

유망한 기부자에게 기부금을 끌어내는 모집원도 협상력이 없다면 늘 거절당하고 말 것이다. 모집원이 기대할 것은 정교한 협상력뿐이다. 한 자동차 회사의 최고 경영자가 전국도시연맹에 기부금 명목으로 거액의 수표를 보냈을 때, 휘트니 영은 그 수표를 돌려보내는 것으로 뛰어난 협상력을 입증해보였다

영은 수표를 돌려보내며 그 최고 경영자에게 이렇게 말했다.

"당신은 우리에게 너무도 소중한 친구이기에, 당신의 경쟁자들이 보낸 기부금과 비교되는 기부금 때문에 당신을 곤혹스럽게 만들고 싶지 않습니다."

이런 협상력 덕분에 영은 훨씬 큰 액수가 쓰인 수표뿐 아니라 감사의 편지까지 손에 쥘 수 있었다.

대기자 명단을 확보한 집주인은 임차인이 월세에 불만을 품고 이사를 갈 때에도 잃을 것이 거의 없지 않겠는가!

잠재력의 착취

협상가의 협상력은 상대가 그의 힘을 어떻게 생각하느냐에 따라 달라질 수 있다. 물론 그 힘은 실제의 힘일 수도 있고

위장된 힘일 수도 있지만 상대에게 미치는 영향력에서는 큰 차이가 없다. 이처럼 실제든 위장된 것이든 간에 그런 협상력을 과시해보이는 능력은 많은 것에 영향을 받는다. 결국 협상력은 협상가가 선천적으로 지닌 수완일 수도 있지만 경험을 통해 습득한 것일 수도 있다.

하버드의 쉘링 교수는 《갈등 전략(The Strategy of Conflict)》에서 당신이 원하는 것을 상대가 내주도록 만들려고 무엇인가를 하겠다는 '협박'을 "잠재력의 착취"라고 잘라 말하고 있다. 참으로 적절한 용어 선택이 아닐 수 없다.

협박은 물리적 시위보다 경제적일 뿐 아니라 때로는 훨씬 효과적이다. 더 이상의 효과적인 대안이 없고 물리적 시위가 있을 것이라고 양측 모두 예상할 경우에는 협박만으로도 성공을 거둘 수 있다. 하지만 협박이 물리적으로 형사될 경우에는 적잖은 손해를 불러일으킬 수 있다.

1만 5000명의 항공관제기사들이 파업을 벌이겠다고 협박하며 일자리를 박차고 나갔을 때 그들은 잃었던 협상 수단을 되찾을 것만 같았다. 그러나 그들은 레이건 대통령의 긴급명령으로 모두 다른 사람들로 대체되고 말았다. 항공관제기사들은 1980년 대통령 선거에게 레이건을 지지했던 까닭에 대통령이 그들의 문제를 신속히 해결해줄 것이라 믿고 있었다. 하지만 연방법은 정부를 상대로 한 파업에 가담한 사람은 이유를 막론하고 고용을 금지하고 있다. 그렇다손 치더라도 레이건이 그처럼 순식간에 정규 항공관제기사 모두를 실제로 교체하는 엄청난 강수를 쓸 것이라고는 아무도 예상치 못했다. 만약 공중 충돌이라도 있었더라면 레이건은 빗발치는 여론의 비난을 면치 못했을 것이다. 그러나 레이건에게는 선택의 여지가 없었다. 법이 정한 범위에 따라 레이건은 항공관제기사들에게 48시간의 여유를 주며 직장 복귀 명령을 내렸고, 예정된 시간이 지나자 대체요원으로 빈자리를 채웠다. 항공관제기사들은 제대로 된 파업은 커녕 모두가 직장을 잃어야 했다.

연방 차원에서 고용을 금지하는 법이 민간분야에 그대로 적용되는 것은 아니다. 그러나 1938년 연방 대법원은 경제적인 이유로 파업을 맞은 경영주는 대체직원을 고용할 수 있으며, 그들에게 정규직을 보장할 수 있다는 판결을 내렸다. 이 판례는 오랫동안 거의 행사되지 않았지만 항공관제기사들의 처참한 패배 이후 적극적으로 활용되고 있다.

힘 : 협상력의 중요한 요소

합법적으로 사용되든 불법으로 사용되든 힘은 협상력의 한 요소이다. 힘을 과시하는 방법은 아주 다양한데, 심지어 "아니오!"라고 말하는 것도 그 중 하나이다.

용인되는 힘은 경우에 따라서 달라진다. 민간분야의 분쟁에서는 지루한 협상에 지친 협상가가 고집스런 상대를 굴복시키기 위해 힘을 사용하고 싶은 때가 있다. 그러나 법과 윤리와 실효성 때문에 제약을 받아 힘을 사용하고픈 유혹을 자제하면서 꾹꾹 눌러 참게 된다.

그러나 국가간의 문제에서는 전혀 달라진다. 유엔 사무

총장 코피 아난은 "외교적 수완이 필요하다"고 말했지만, 덧붙여서 "단호한 의지와 힘이 뒷받침해주는 외교적 수완이 더욱 필요하다"고 강조했다.[6] 단호한 의지에는 전쟁의 대안으로 사용되는 경제 제재가 포함된다. 경제 제재는 남아프리카에서 실효성을 거두었다. 선전포고 여하를 불문하고 전쟁은 대외관계에서 힘의 궁극적인 과시이다. 따라서 대부분의 나라가 최후로 사용하는 방법이다.

그러나 대외관계에서 힘 이외에 다른 대안이 없는 상황도 있다. 초강대국인 미국은 세계 평화나 국제협약 혹은 인권을 위협하거나 침해하는 분쟁의 해결사로 자주 부름을 받는다. 미국이 그런 목적을 성취하기에 충분한 힘을 보유한 것은 분명한 사실이다. 보스니아, 이스라엘, 파키스탄, 이라크, 아일랜드 등에서 있었던 사례가 대표적인 예이다. 이런 분쟁에서 미국은 힘을 사용했다. 쿠웨이트를 침공한 이라크에게는 공식적으로 전쟁을 선언했다. 또한 부시 대통령은 파나마의 노리에가 대통령을 체포해 미국까지 압송한 후 재임시 저질렀던 만행을 심판하기 위해 파나마 땅에 미군을 파견했다.

또한 앞에서도 지적했듯이 잠재력의 착취라 칭해지는 힘을 사용하겠다고 협박하기도 했다.

클린턴 대통령이 보스니아를 점령한 세르비아 정부를 오

---

6) 머리말에서도 말했듯이 '외교'란 국가간의 협상을 진행하는 기술 및 관례라 정의된다.

하이오 데이튼 협상 테이블로 끌어들이기 위해 마지못해 힘을 사용했던 과정을, 리차드 홀브룩은《전쟁을 끝내기 위해서(To End A War)》에서 매우 사실적으로 묘사하고 있다. 홀브룩은 보스니아에서 전쟁을 벌였던 민족들간의 입장 차이를 해소하는 데 주도적인 역할을 했으며, 미국 정부를 설득해서 세르비아의 재폭격을 승인하도록 하는 데 큰 역할을 해내 박수 갈채를 받았다.

홀브룩은 힘과 외교의 관계를 정치 · 군사문제에서 필연적으로 부딪혀야 하는 '고전적인' 딜레마라 부른다. 그는 세르비아의 재폭격 문제가 한참 논의중일 때 "우리가 힘의 우위에서 (조정이 아니라) 협상하고 있다는 사실을 입증해 보일 필요가 있다. 공중폭격이 재개되어 협상이 결렬되더라도 그럴 필요가 절실하다"고 주장했다.

그러나 힘을 사용하겠다는 결정이 문명국가로서는 결코 쉬운 것이 아니다. 사담 후세인이 무기 사찰에 대한 유엔 결의안을 반복해서 위배할 때마다 클린턴 대통령이 이라크를 폭격하겠다고 단속적(斷續的)으로 협박했던 것에서 증명되지 않는가! 1998년 11월 일촉즉발의 대치 상태에서 체결된 최후의 결의안을 두고 바그다드와 워싱턴은 전혀 다르게 해석해 의문을 남기기도 했다. 그래서《뉴욕 타임스》의 1면 분석 기사는 "누가 거짓말을 했을까?"라는 표제를 달았다.

세계 유일의 초강대국으로서 미국의 입장을 일반적인 원칙대로 적용할 수는 없다. 즉 민간분야에서 협상에 영향력을 미치려 과시되는 힘을 제한하는 것과 세계의 파수꾼으로서 미국 정부가 갖는 한계를 비교한다는 것은 무리다. 그러나 미국의 지도자들이 반드시 고려해야 할 제약도 있다.

후세인이 유엔 결의안을 계속해서 거부하자 하원에서 후세인 응징 여부를 표결하기 전날, 클린턴은 이라크에 대한 공중폭격을 명령했다. 일부에서 의회의 표결을 미리 차단한 정치적 음모라고 비난했듯이, 클린턴과 그의 참모들도 그런 조치가 군사적 동기보다 정치적 색채가 짙었다고 해석될 가능성을 우려했을 것이다. 이런 상황에서도 정치적 결과가 힘의 사용을 억제하는 요인이 된다.

법적 소송과 소송의 위협

법적 소송은 갈등해소 시스템에서 주춧돌이다. 법의 힘으로 불만을 해결하고자 하는 사람은 누구라도 법적 소송을 할 수 있다. 원고는 상대의 동의 없이도 소송을 제기할 수 있다. 물론 사법 체계에 비추어볼 때 원고는 시간과 비용의 희생을 감수해야 한다. 그러나 소송의 위협은 상대적으로 비용을 절감시켜준다. 또한 소송의 위협은 협상을 채근하는 수단으로 빈번히 사용된다. 실제로 법정에서 판결하는 소송 건보다 법정 밖에서 해결되는 소송 건이 훨씬 많다.

불만 있는 사람이 그 상대를 협상 테이블로 끌어낼 수 없다면, 소송 이외에 달리 대안이 없다. 그가 고용한 변호사는 소송을 제기하겠다는 의도를 알리는 편지를 보내고, 아울러 법적 소송비용을 절감하기 위해서 법정 밖에서 해결점을 모색할 용의가 있다는 사실도 덧붙인다. 이처럼 분쟁해결을 위한 협상에서는 법적 소송비용까지 고려되기도 한다.

공격적인 변호사는 광고까지 동원해 상대를 곤혹스레 만든다. 저명 인사들의 이혼소송에서 이런 수법이 간혹 사용된다. 집단소송이나 적대적인 경영권 다툼에서는 응원군을 모집하기 위해 광고가 사용되기도 한다. 그러나 법원은 광고까지 동원하는 소송을 상당히 못마땅해 한다. 광고를 하든 않든 간에 적절히 사용된 소송의 위협은 협상에서 합법적으로 완벽한 전술이 될 수 있다.

《뉴욕 타임스》에 보도된 적이 있던 '소송의 위협'은 지금까지 말한 것을 일부나마 이해하는 데 많은 도움이 될 것이다. 현대 대가들의 작품을 포함해서 모두 450점의 그림 소유권을 이리나 슈추킨이 제기하고 나선 사건이 있었다. 그 그림들은 그녀의 돌아가신 아버지, 섬유업으로 갑부가 되었던 세르게이 슈추킨이 1918년 볼셰비키 혁명의 발발로 프랑스로 망명하면서 어쩔 수 없이 러시아에 남겨놓은 것이었다. 혁명 이후 레닌 정부는 그림들을 국가 재산으로 편입시켰고, 생 페테르스부르크의 에르미타쥬 미술관과 모스크바의 푸슈킨 박물관에 나뉘어 전시하고 있었다. 그 사실이 세상에 알려지자 14점의 마티스 작품이 파리의 조르쥬 퐁피두센터에 임대되어 전시되었다.

당시 70대로 프랑스 남부에 살고 있던 슈추킨 부인은 보리스 옐친 러시아 대통령에게 편지를 보내 마티스 그림을 포함해 450점의 그림이 당연히 그녀 가족의 소유라고 주장하면서 반환해주기를 요구했다.

또 모든 그림이 모스크바의 트루베츠코이 궁전에 안전하게 보관되고 슈추킨 가문의 기증품이라고 명시해줄 수 있다면 모든 작품을 러시아에 기증하겠다는 의사까지 덧붙였다. 그밖에 한 가지 조건이 더 있었다. 기증의 대가로 그녀 가족이 약간의 보상을 받고 싶다는 것이었다. 그 편지는 옐친을 협상 테이블로 초대하는 것이었다. 누구라도 그랬겠지만, 슈추킨 부인이 소송하겠다는 위협으로 러시아를 곤혹스럽게 만들려는 의도를 충분히 읽었을 것이다. 옐친은 아무런 대응도 하지 않았다.

그녀의 편지에 아무런 응답이 없자 슈추킨 부인은 가족의 변호사 베르나르 주아노에게 도움을 청했다. 즉시 주아노 변호사는 러시아가 협상에 응하지 않는다면 원래 슈추킨 가문 소유였던 그림이 러시아 밖에서 전시될 때마다 슈추킨 부인은 소유권을 주장하는 소송을 제기할 생각이라는 성명서를 공개적으로 발표했다. 그런 대외적 발표에도 불구하고 러시아는 함구로 일관했다. 그러나 주아노 변호사의 성명서는 퐁피두센터 관리이던 마리옹 쥘리앙에게 적잖은 우려감을 주었던지 그는 그 그림들의 러시아 소유권에 대해 법원이 부정적인 판결을 내릴 경우 해외 전시를 위해 그림들을 임대해주기가 쉽지 않을 것이란 견해를 피력했다.

슈추킨 부인의 사례는 합의점을 찾으려는 의도가 좀처럼 없는 상대와 협상을 시도하는 것이 얼마나 어려운 일인지를 단적으로 증명해준다. 그녀가 옐친에게 편지를 보낸 것으로 협상을 시작한 것은 올바른 판단이었다. 옐친이 응답하지 않은 이유는 쉽게 짐작할 수 있다. 다른 산적한 문제들 때문에 그녀의 편지를 보지도 못했을 것이다. 그러나 마티스 작품들이 파리에 전시되자마자 그녀의 변호사가 러시아 정부를 상대로 소송을 제기하겠다는 위협은 시간적으로 절묘했다. 퐁피두센터의 관심을 끌었기 때문이다. 어쩌면 주아노 변호사는 그런 광고 효과를 노렸던 것인지도 모른다.

협상은 커뮤니케이션 게임이다. 변호사, 노동계 지도자, 기업 경영진을 비롯해서 협상가들은 언론을 통해 커뮤케이션하는 경우가 드물지 않다. 소송을 하겠다는 위협만으로 러시아 정부를 공개 협상장에 끌어내기는 힘들었겠지만, 그럼에도 불구하고 해볼 만한 적절한 시도였다.

신뢰의 획득과 상실

신뢰를 획득하고 유지하는 것은 협상가가 지녀야 할 가장 중요한 자산이다. 단발적인 협상에서는 협상가에 대한 평판이 신뢰감을 높여줄 수도 깎아내릴 수도 있다. 한편 관계가 지속적인 경우에는 과거의 행동에 의해서 신뢰감이 평가된다. 또한 신뢰감은 성과를 통해서 평가받을 수도 있다.

내가 관여했던 한 협상에서 한쪽의 협상 대표는 상대에게 믿게 만들고 싶은 것이 그의 최종안인 듯 발언하는 습관이 있었다. 실제로 그는 협상장에서 말할 것을 어떤 식으로 말해야 하는지 주도면밀하게 연습하고 협상에 나섰다. 또 최종안이란 것을 강조라도 하듯이 의자에서 일어나 발언했

고, 발언을 끝낸 후에는 협상장을 떠나버렸다. 리허설에서
도 멋지게 해냈지만, 실제 협상장에서도 멋들어지게 해냈
다. 그러나 최후의 순간에는 달랐다. 협상장을 떠나는 대신
다시 의자에 앉았다. 협상을 다시 시작할 준비가 되어 있다
는 뜻이었다.

루퍼트 머독의 협박은 믿을 만한 것이었나?

1988년 국제적인 언론재벌 루퍼트 머독은 부동산 개발업자
인 피터 칼리코프에게 《뉴욕 포스트》를 3760만 달러에 양
도하는 데 합의했다. 그러나 한 가지 조건이 있었다. 칼리
코프는 《뉴욕 포스트》의 직원을 대표하는 9개 노동조합과
유보금을 2400만 달러로 한다는 협상이 완결된 다음에 신
문사를 정식 인수하겠다고 고집했다.

　노동조합이 의사결정 시한(1부에서 논의했던 '파국'의
날)이 닥치기 전까지는 어떤 제안에도 쉽게 합의해주지 않
을 것이란 사실을 잘 알고 있던 머독은 1988년 2월 19일 오
후 2시 30분까지 유보금을 2400만 달러로 한다는 요구에
합의해주지 않으면 직장을 폐쇄하겠다고 발표했다. 당시
《뉴욕 포스트》의 발행인이었던 패트릭 퍼셀은 머독이 이미
3대륙에서 그런 협박을 실천에 옮긴 적이 있으며, 《뉴욕 포
스트》의 평판보다는 자신의 체면을 더 중시하는 사람이기
때문에 노동조합이 합의해주지 않는다면 협박한 대로 《뉴
욕 포스트》를 능히 폐쇄할 사람이라며, 머독의 입장을 한층
고양시켜주었다. 노동조합은 고민에 빠졌다. 실제로 머독

은 협박을 그대로 실천한 사람으로 악명이 높았다. 그런데 이번 협박도 진실일까, 아니면 속임수일까?

파국의 날은 금세 다가왔다. 당시 노동조합은 2200만 달러까지 양보할 수 있다고 머독에게 통지한 상태였다. 머독이 200만 달러의 차이로 《뉴욕 포스트》를 폐쇄할 것인가를 두고 노동조합 간부들이 고민하고 있을 때 나는 노동조합의 조언자로 그들과 자리를 함께 하고 있었다.

식자공노동조합 대표가 처음 말문을 열었다. 그는 식자공들이 생산성 제한 규정을 삭제하는 대가로 1974년에 평생고용을 보장받았다며, 머독이 협박대로 직장폐쇄를 단행하지 않을지도 모른다는 불확실한 가능성 때문에 그런 보장을 상실하고 싶지 않다고 말했다.

다음 차례는 인쇄공노동조합 대표였다. 《뉴욕 포스트》의 인쇄공노조는 뉴욕의 3대 신문사(《뉴욕 타임스》, 《뉴욕 데일리 뉴스》, 《뉴욕 포스트》)와의 계약에 따라 《뉴욕 포스트》의 인쇄공에게 적용되는 사안은 《뉴욕 타임스》와 《뉴욕 데일리 뉴스》의 인쇄공에게도 똑같이 적용하기로 한 이른바 '일심동체(me-too)' 규정 때문에,[7] 《뉴욕 포스트》의 사안을 세 신문사의 노조원에게 투표로 물어야 한다고 말했

_____

7) 영어에서 'me-too'는 친구가 그럴 듯한 것을 가지고 있을 때마다 자기도 가지고 싶다는 뜻으로 'me-too'라고 소리치듯이, 'me-too'는 어린아이들이 주로 쓰는 개념이지만, 어린이에게만 국한되어 쓰이는 것은 아니다. 여기에서는 '일심동체'라 번역했다. '일심동체론'의 다른 예도 이 책에서 소개되고 있다.

다. 더구나 다른 두 신문사 노조원들이 《뉴욕 포스트》를 구하려고 자신들의 임금 삭감을 감수하지는 않을 것이라 강조했다. 게다가 목적이 어떠하든간에 임금을 삭감하자는 제안만으로도 그에게 거센 비난이 쏟아질 것이라며, "나는 머독에게 추가적으로 양보하는 것에 절대 반대합니다!"라고 소리쳤다.

연판공노동조합도 똑같은 입장이었다. 실제로 '일심동체' 규정을 가진 노동조합에서는 대부분 연판공과 인쇄공이 연대하는 경향이 있었다. 둘 중 어떤 조합이라도 협상의 성공에 걸림돌이 될 수 있었기 때문에 뉴욕출판업자치조합 산하 단체인 출판업연합회 회장이던 조지 E. 맥도널드는 노동조합들에게 200만 달러의 추가적인 임금 삭감을 만장일치로 반대하자고 제안했다. 그리고 모든 조합이 그렇게 합의를 보았다.

그리고 그들이 모여 있던 호텔의 회의장으로 머독을 불렀다. 노동조합이 추가로 200만 달러의 삭감을 수용하지는 않을 것이란 내용을 머독에게 통지하는 역할이 나에게 주어졌다. 나는 머독에게 그 메시지를 전달했고, 머독이 협박한 대로 《뉴욕 포스트》를 폐쇄할 것인지 그의 반응을 조합 대표들과 초조한 마음으로 기다렸다.

머독은 한참 동안 깊은 생각에 잠겼다. 마침내 나를 돌아보며 물었다.

"그래, 당신들 제안은 뭐요?"

나는 칼리코프에게 노동조합과 대화를 하도록 촉구할 것

을 요구했다. 머독은 칼리코프와 유보금을 2400만 달러로 합의했기 때문에 그렇게 할 수 없다고 대답했다. 그때 머독의 언론 담당 참모 하워드 루빈스틴이 뜻밖의 제안을 내놓았다. 맥도널드가 쿠오모 주지사에게 전화를 걸어 칼리코프가 노동조합과 대화를 갖도록 주지사에게 설득을 부탁해 보자는 것이었다. 맥도널드는 그 제안을 받아들였고, 우리는 호텔 로비의 공중전화를 찾았다. 머독과 루빈스틴도 우리를 뒤따라 왔다.

맥도널드가 주지사의 전화번호를 모른다고 말하자, 루빈스틴이 전화번호를 알려주었다. 맥도널드가 다이얼을 돌렸다. 주지사가 전화를 받았고, 곧바로 칼리코프에게 전화를 하겠다고 말했다. 주지사의 권유에 칼리코프는 참모들과 그 제안을 논의한 후에 결과를 알려주겠다고 했다.

약 1시간 후, 칼리코프가 노동조합과 협상하겠다고 대답을 해왔다. 그러나 아홉 개의 노동조합 모두가 2400만 달러의 유보금에 합의해야 한다는 조건에는 변함이 없었다. 그러자 엄청난 재력가였던 머독이 노동조합원들에게 말했다. 그들의 단결력을 높이 평가해서, 신문사 매각에 따른 자신의 몫에서 200만 달러를 기부하겠다는 제안이었다. 그렇게 해서 분쟁은 해결될 수 있었다.

머독의 솜씨는 대단했다. 본능적이었는지 계산된 행동이었는지 확실치 않지만, 회담이 반전될 때마다 그가 보여주었던 반응은 한치의 빈틈도 없었다. 노동조합은 머독이 실제로 직장폐쇄를 단행할지도 모른다며 두려워했다. 그러나

《뉴욕 타임스》와 《뉴욕 데일리 뉴스》의 조합원들에 미칠 여파 때문에 머독이 요구한 추가적인 양보를 수용할 수는 없었다. 비록 200만 달러를 손해보기는 했지만 머독은 칼리코프와 맺었던 수천만 달러의 거래를 성사시킬 수 있었다. 하지만 칼리코프는 그 후 《뉴욕 포스트》를 운영하면서 연간 1000~2000만 달러의 손실을 보았고, 신문사 회계장부에 따르면 대략 8000만 달러의 누적 손실로 결국 파산하고 말았다.[8]

협상 : 숨박꼭질, 허세와 허풍

어떤 의미에서 협상은 숨박꼭질 게임이다. 양측 모두가 자신의 궁극적인 의도, 즉 '속셈'을 감추려 하는 반면에 상대의 진의를 알아내려 끊임없이 탐색한다.

협상가들은 대체로 단점을 감추는 대신에 그들이 제공하는 상품과 서비스에 대해서는 허풍을 떨기 마련이므로 협상은 허세부리기 게임이라 할 수도 있다. 그러나 거짓된 자료를 제공하거나 오해를 빚을 만한 발언으로 상대를 속여서는 안 된다. 그럴 경우 사기죄로 법정에 불려갈 수도 있

---

8) 그 후 머독은 부채를 떠안는 조건으로 《뉴욕 포스트》를 다시 사들였다. 평론가들은 머독의 행위를 건전한 투자라기보다 자기도취라 평가하지만, 시간이 그 대답을 해줄 것이다. 이 글을 쓰는 현재, 《뉴욕 포스트》와 《뉴욕 타임스》는 생존을 위한 투쟁에 전념하고 있다. 두 신문사가 계속해서 살아 남으려는 동기가 무엇이든간에 신문사를 살리려는 발행인의 결심에서 독자는 혜택을 입고 있는 것이다.

기 때문이다.

상품이나 서비스에 대한 합법적인 허세와 허풍, 그리고 법적 소송으로 비화되는 중대한 사실에 대한 속임수를 뚜렷이 구분하기란 그렇게 쉬운 일이 아니다. 법정 판례에서 보듯이 정당한 주장과 노골적인 속임수는 명확히 구분되지 않는다.

그러나 협상가가 상대의 신뢰감을 배신하고 거짓된 발언을 하지 않는 한, 상대를 착각하게 만들어 협상 조건을 수용하도록 만드는 것을 금지하는 법은 없다. 사실 협상가는 내심 그렇지 않은 데도 "이것이 내 최종안이오!"라고 말할 수 있다. 하지만 사실이 아닌데도 다른 사람에게 더 큰 제안을 받았다고 말해서는 안 된다. 결국 중요한 것은 의도적 발언과 사실에 대한 발언을 구분하는 것이다. 의도에 대한 발언은 행동으로 옮겨지지 않는 한 거짓이어도 상관없지만 사실에 대한 발언은 거짓으로 판명될 경우 법적 소송의 빌미가 된다.

언젠가 나는 운송노동자연맹 의장이던 마이크 퀼이 거창하게 맹세하는 소리를 들었다. 주 4일 노동이란 조건이 받아들여지지 않으면 절대 합의해주지 않겠다는 맹세였다. 물론 그 같은 요구가 터무니없다는 사실을 그도 잘 알고 있었다. 진실을 말해야 하는 순간 그는 그 요구를 철회하는 데 동의했다. 한 기자가 그 요구가 받아들여지지 않는 한 절대 합의하지 않겠다고 맹세까지 해놓고 갑작스레 요구를 철회한 이유가 뭐냐고 물었을 때, 퀼은 서슴지 않고 '상식!' 때문이었다고 대답하고는 다른 질문을 받았다. 언론을 포함해서 누구도 그런 대답에 충격을 받거나 놀라지 않았다.

신의와 성실에 따른 협상

분쟁 당사자가 합의점을 찾겠다는 생각 없이 협상 테이블에 나올 수도 있다. 속담에서처럼 말을 연못까지 끌고 갈 수는 있어도 물을 마시게 만들 수는 없는 법이다. 어떤 협상가는 한 가지 이상의 쟁점에서 "협상할 수 없다"고 공공연하게 주장한다. 무조건 항복을 요구하는 것은 협상의 여지를 남겨놓지 않겠다는 뜻이다. 말하자면 무조건 항복은 협상거리가 될 수 없다. 어떤 협상가는 내심 기존의 입장을 조금도 굽히지 않을 작정이면서도 협상하는 흉내를 내기도 한다. 협상가가 그런 속임수를 인정하든 않든 마음을 열어놓지 않는 협상가는 협상의 대상이 아니다. 협상가가 마음 속으로 어떤 생각을 갖고 있는지 판단하기란 어렵다. 실제로 협상가에 대한 판단은 그가 입으로 말한 것과 말하지 않은 것, 그리고 행동 등을 포괄적으로 고려했을 때 가능하다.

단체교섭은 노사간의 협상을 특별히 지칭하는 용어이다. 연방노동관계법에 따르면 단체교섭은 "고용주와 고용인 대표가 합리적인 시간에 만나서 신의와 성실을 원칙으로 임금, 노동시간 등 고용에 관련된 그 밖의 규정이나 조건에 대해 논의해야 하는 상호적 의무"라고 정의되어 있다. 나는 협상과 관련해 신의와 성실을 요구하는 다른 법을 본 적이 없다. 오랫동안 전국노사관계위원회는 신의와 성실의 의미를 여러 가지로 정의했다. 위원회는 쌍방의 행위를 종합적으로 판단해 명백한 위법—가령 면담 자체를 거부하는 행위—과 신의와 성실 원칙의 위배를 구분하고 있다. 신의와 성실의 정도는 협상가가 마음 속으로 어떤 생각을 품고 있는지에 따라 달라지겠지만 그 진실 여부의 판단은 심리학자에게 맡겨야 할 것이다.

보울웨어리즘 (Boulwarism)과 신의와 성실로 임한 협상

1960년대 피츠제럴드 밀즈 코퍼레이션이란 회사가 연루된 사건에서 전국노사관계위원회와 법정은 그 회사가 신의와 성실의 원칙을 지키지 않았다는 점에서 거의 의견 일치를 보았다. 그 회사의 경영진이 "죽어서 지옥에 간 다음에야 교섭안에 서명할 것이라 말했고, 근로자들에게는 '빌어먹을 자식들을 선동하는 노동조합'을 피츠제럴드에서 쫓아내라고 부추겼다"고 진술한 때문이었다.

그러나 쌍방이 합의점을 찾으려 실질적인 협상을 하고 있을 때는 그런 증거를 찾아내기가 쉽지 않다. 한쪽의 행동을 포괄적으로 판단하는 게 어렵다는 사실은 1962년 연방항소법원 2차 순회재판소의 판결에 쏟아진 분분한 해석에서도 충분히 증명된다. 제너럴 일렉트릭(General Electric, GE)이 미국노동총연맹, 전기·무선·기계 노동자 국제노동조합과 신의와 성실로 협상하지 않았다는 전국노사관계위원회의 결정을 인정한다는 판결이었다.

노사관계위원회는 GE가 자사(自社)의 노무관리 책임자

이던 레무엘 보울웨어가 제안한 계획 — 그의 이름을 기리기 위해 보울웨어리즘이라 불리고 있다 — 을 실행하는 과정에서 신의와 성실로 협상에 임할 의무를 위배했다며 법원에 고소했다. 간단히 말해, 보울웨어의 제안은 협상 초기에 노동조합이 관례적으로 제시하는 무리한 임금 인상 요구에 대한 대응법이었다. 노동조합의 무리한 요구에 회사 측은 수용할 수 있는 수준보다 낮은 액수로 대응하기 마련이므로 결국 서로가 처음에 예상했던 합리적인 타협점으로 돌아가 분쟁을 해결하는 지루함을 벗어나려는 방편이기도 했다. 보울웨어의 생각은 "임금을 지불하는 쪽은 회사이기 때문에 회사는 종업원들에게 인상액만큼의 보장을 받고 싶은 것이 당연하다"는 것이었다.

GE가 신의와 성실로 협상하지 않았다는 다수안에 서명한 어빙 R. 카우프만 판사는 보울웨어의 계획이 3단계로 이루어진다고 설명했다. GE는 1단계로, 지역 노무관리 책임자에게 노동자들의 요구사항과 그들이 기대하는 혜택의 유형과 그 정도에 대한 보고서를 요청한다. 2단계에서는, 보고서를 특별제안으로 분류해 그 제안의 비용과 효율성을 점검한다. 그리고 회사의 능력이 허용하는 범위 내에서 종업원들에게 구미가 당길 만한 '물건'을 만들어낸다. 카우프만 판사에 따르면 가장 중요하고 혁신적이며 비판의 표적이 되었던 마지막 3단계에서 GE는 그 '물건' — 이쯤에서는 완전히 문서적 성격을 띤 일련의 제안들이다 — 을 완벽하게 포장해서 종업원들과 회사 밖의 사람들에게 '판다'.

또한 카우프만 판사는 판결문에서 "협상이 진행되기 전과 협상 과정 동안 집중해서 그야말로 눈사태처럼 광고를 퍼부어대면서 GE는 쟁점에 대한 회사의 입장을 종업원들에게 알리려 했다. 회사측의 제안은 '공정하고 확고한 제안'으로 '한치의 소홀함도 없이 기꺼이 실천할 것'이므로 노동조합이 압력을 가하거나 파업할 하등의 이유가 없다는 식이었다"고 밝혔다.

카우프만 판사의 판결에 따르면 GE는 양측이 처음에는 명백히 불합리한 요구를 제시하고 결국에는 협상을 시작하기 전에 예상했던 결과인 중도점을 선택하게 되는 과거 '피―협박―폭력' 식의 접근법과 전혀 다른 접근법이라고 협상 과정 내내 주장했다. 또한 GE는 과거의 그런 전술은 종업원들로 하여금 회사에 대한 신뢰를 떨어뜨릴 뿐 아니라, 회사가 기꺼이 주려는 것도 회사에서 억지로 빼앗아 내는 것이란 죄의식을 노동조합에 안겨주는 것이라 믿었다. 카우프만 판사의 판결문에 따르면, 그때부터 GE는 노동조합에 무엇인가를 제시할 때에는 어떤 것도 감추지 않았고, 모든 사실을 고려해서 가장 공정하다고 판단되는 제안만을 노동조합에 제시했다. 또한 회사가 간과한 것에 근거해 노동조합이 제안하면 기꺼이 수용하겠다는 입장이었지만, 일단 기본적인 윤곽이 결정되면 노동조합이 불만을 갖는다는 이유로 변경하지는 않았다. 결국 GE가 확고한 것이라 말하면 정말로 확고한 것이었다. GE는 서로 주고받는 전통적인 경매식 협상을 '교활하고 부정직하지만 아무런 결실도 얻지 못하는 실랑이라고 비난했다.

카우프만 판사는 '신의와 성실의 원칙을 위배한 협상'이라 판결했지만 상당히 신중한 자세를 보여주었다. '처음부터 최선의 제안'을 하는 협상술이 금지된 것이라 판결하지도 않았고, 고용주에게 '경매식 협상'에 반드시 참여해야 한다고 판결한 것이 아니라는 점을 분명히 했다. 실제로 수정된 연방노사관계법은 신의와 성실로 협상해야 할 의무가 "어느 한쪽이 어떤 제안에 동의하거나 양보하도록 강제하는 것은 아니다"라고 분명히 못박고 있다.

한편 소수안을 냈던 헨리 프렌들리 판사는 다수안이 판결하지 않은 내용에 대해서는 명백한 의사를 밝히면서 판결한 내용에 대해서는 애매하게 넘어가고 있다며 불평을 터뜨렸다. 프렌들리 판사는 "고용주가 일단 결정한 입장을 스스로 변경할 수 없다고 단호한 의지를 널리 표명하는 방법과 '이것을 취할 것인가 저것을 버릴 것인가' 식의 협상법을 동시에 양립시킬 의무는 없다"고 주장했다.

그런데 카우프만 판사가 신의와 성실의 원칙을 포괄적으로 결정하려 제시한 기준이 모호해서 적용하기 어렵다는 프렌들리 판사의 주장에 워터만 판사가 이의를 제기하고 나섰다. "회사가 노동조합에 단호하고 공정한 제안을 하고 그 제안을 고수하는 것은 가능하지만, 회사가 그 제안이 결코 물러설 수 없는 단호한 것이라 확신한다는 사실까지 종업원에게 무차별적으로 선전하는 것은 허용될 수 없다."

이런 논쟁을 집약시켜볼 때, 협상에 참여한 회사나 노동조합이 신의와 성실로 협상하느냐 않느냐는 것을 판단하기란 쉽지 않다. 실제로 법정의 판결은 거의 아무런 영향력을 갖지 못한다. 사용자나 노동조합의 진실된 의도가 무엇이든간에 그들은 신의와 성실로 협상하는 척할 것이기 때문에 법정의 판결이 언제나 설득력을 갖는 것은 아니다.

GE만이 종업원을 경영자 편으로 끌어들이려 한 것은 아니다. 사용자와 노동조합의 관계는 협상이 종결되면서 끝나지 않는다. 종업원의 생각과 자세는 노동조합만이 아니라 사용자에게도 무척이나 중요하다. 최근 들어 노동조합과 기업의 존폐를 결정하는 가장 소중한 요소가 종업원이라는 인식이 기업들에 확산되고 있다. 이런 상황에서 사용자와 노동조합이 협상 결과가 종업원에 미칠 영향을 어찌 생각하지 않을 수 있겠는가!

무조건 항복은 협상의 여지를 남겨놓지 않는다

"장방형의 성채를 사방에서 공격해서는 안 된다"는 중국 속담이 있다. 도망갈 길을 열어놓아야 한다는 뜻이다. 2차 대전 당시 연합군은 히틀러에게 무조건 항복을 요구했다. 또한 히로시마에 원자폭탄을 떨어뜨리기 전에, 미국은 일본 왕의 억류를 놓고 일본과 협상조차 벌이지 않았다. 부시 대통령은 파나마의 노리에가 대통령에게 미국 땅에서 심판을 받으라는 요구조차 하지 않은 채 미군을 파나마에 침공시켜 노리에가를 체포했다. 또한 부시는 쿠웨이트를 침공한 이라크와의 전쟁을 끝내려고 무조건 항복을 요구하지도 않았다. 결과가 어찌되었든간에 설사 그런 요구가 있었더라도 후세인은 결코 응하지 않았을 것이다.

그렇지만 야만적인 힘을 동원하지 않으면서 무조건 항복에 동의하라고 요구하는 협상을 피하기란 거의 불가능하다.

미국이 하이티의 라울 세드라스 장군에게 대통령직 하야를 요구하며 그 요구를 관철시키려 폭격기를 준비시켰을 즈음, 지미 카터 전 대통령은 세드라스 장군과 협상하려 하이티로 날아갔다. 조지아주의 샘 넌 상원의원과 콜린 파월 전 합참의장이 카터를 수행했다. 당시 세드라스 장군이 하야하고 하이티를 떠나야 한다는 미국의 요구는 결코 협상 대상이 될 수 없다는 국무성의 지시가 있었다는 소문이 자자했다.

또한 카터가 세드라스 장군과 어떤 개별적인 협상도 벌이지 못하도록 넌 상원의원과 파월 장군이 파견되었다는 믿을 만한 근거도 없지 않다. 그럼에도 불구하고 협상은 있었다.

세드라스가 하이티를 떠나는 시기를 언제로 할 것인가, 무엇을 갖고 떠날 것인가, 하이티에 있는 개인 소유의 저택은 어떻게 할 것인가, 하이티를 떠나 어디로 갈 것인가, 그의 노후를 어떻게 보장해줄 것인가 등이 논의되었다. 이런 쟁점들이 협상으로 해결되므로써 그에게 하야하고 조국을 떠나라는 미국의 무조건 요구가 순순히 받아들여질 수 있었던 것이다.

협상가를 위한 십계명

1. 가능한 한 초기에 분쟁의 쟁점을 명확히 한정하는 데 합의하라.

2. 스코틀랜드의 시인 로버트 번즈의 "상대가 당신을 보듯이, 당신 자신을 보도록 노력하라"는 명언을 항상 새겨두라.

3. 상대가 자신을 평가하는 대로 상대를 평가하도록 노력하라.

4. 명백한 사실에 대한 거짓된 진술은 불법일 수 있다. 또한 그런 거짓된 진술은 지속적인 관계를 유지하려 할 때에는 결코 현명한 방법이 아니다. 성경에서도 언급하고 있듯이 "속임수의 빵은 달콤하지만, 결국 그 입은 자갈로 가득 채워질 것이다."

5. 명백한 사실에 대한 거짓 진술이나 오해를 불러일으킬 부분이 없다면, 당신이 제공하는 상품이나 서비스 혹은 협상 의도를 부풀려서 과장할 수 있다.

6. 믿음을 주는 것이 협상의 열쇠이다. 신뢰성은 행

위를 통해 얻거나 잃는 것이다. 항상 신중하라. 신뢰성의 중요성은 아무리 강조해도 지나치지 않다.

7. 침묵과 몸짓 언어가 말과 행동만큼의 뜻을 지닐 수 있다. 당신이 말하지 않은 것을 항상 명심하고, 당신이 말하고 행하는 것을 항상 기억하는 것처럼 행동하라.

8. 협상에서는 타이밍이 중요하다. 성경에서 말하듯이, "하늘 아래 모든 것에는 그 목적에 합당한 계절과 시기가 있다." '침묵할 시간, 말해야 할 시간, 사랑하는 시간, 증오하는 시간, 전쟁의 시간과 평화의 시간'까지도 적절한 때가 있다.

9. 냉정하라. 성경에서 말하듯이, "분을 쉽게 내는 자는 다툼을 일으켜도 노하기를 더디하는 자는 시비를 그치게 하느니라."

10. 파국의 때에 의사 결정을 내릴 준비를 하라. 그때는 양단간의 결정을 내려야 할 때이다.

II부
조정 : 과학이 아니라 예술

조정의 구조

협상에서 조정자의 역할

협상가, 조정자, 중재자는 분쟁을 해결한다는 똑같은 목표를 갖지만 분쟁해결에 참여하는 동기는 각각 다르다.

협상가는 자기 쪽에 가장 유리한 결과를 얻어내려 한다.

조정자는 분쟁 당사자 양측의 합의 하에 그들의 분쟁해결을 도우려 참여하지만, 그들에게 어떻게 하라고 명령할 수는 없다. 따라서 분쟁해결의 최종 결정은 여전히 분쟁 당사자들에게 있다.

중재자는 주어진 자료를 바탕으로 의사 결정을 내림으로써 분쟁을 해결한다. 따라서 중재자는 실상의 경중을 따지고, 적절한 기준을 적용해 의사 결정을 내린다. 분쟁을 해결하도록 중재자에게 주어지는 권한은 분쟁 당사자들의 합의에 따라 부여되는 것이기 때문에, 분쟁 당사자들은 중재자가 충분한 역할을 해낼 수 있는 분위기를 조성해줘야 한다. 따라서 중재자의 결정은 양측에 합리적인 것이라 받아들여질 때에는 성공한 것이지만, 한쪽이라도 그 결정에 반발할 때에는 성공한 것이라 할 수 없다.

조정자 : 뜨거운 양철 지붕 위의 촉매제

홍보 전문가 텍스 맥크레리는 조정자의 의무를 면밀하게 검토한 끝에 조정자를 "뜨거운 양철 지붕 위의 촉매제"라고 적절히 정의했다. 오랫동안 중재자로서, 연방 중재 및 화해국 (Federal Mediation & Conciliation Service)의 국장으로서 존경받았던 윌리엄 E. 심킨은 조정자는 다음과 같은 자질을 지닌 사람이어야 한다고 말했다.

…… 욥과 같은 인내심, 영국인처럼 진중하고 끈질긴 성격, 아일랜드인의 위트, 마라톤 선수에 버금가는 육체적 지구력, 아메리칸 풋볼 하프백처럼 장애물을 빠져나가는 날렵함, 마키아벨리와 같은 간교함, 벙어리처럼 속내를 말하지 않는 신중함, 하마의 뻔뻔스러움, 솔로몬의 지혜를 가져야 한다!

양측이 최상의 협상력을 지니고 있고, 합의에 이르는 데 어떤 외부적 장애도 없다면 분쟁 당사자는 조정자의 도움 없이 합의에 이를 수 있다. 자동차 산업에서 회사측과 노동조합은 대개의 경우 조정을 거절하며 직접 협상하는 좋은 전통을 갖고 있다.

교착 상태에 빠진 분쟁 당사자들이 조정자에게 도움을

구하고 수용한다고 해서 그것을 협상의 실패라고 말할 수는 없다. 경험 많은 노련한 협상가일지라도 분쟁을 해결하는 데 있어 조정자에게 도움을 받을 수도 있는 것이다. 협상은 한쪽에게 가장 유리한 행로가 상대방이 어떻게 행동하느냐에 따라서 결정되는 일종의 전략 게임이다. 따라서 조정자는 합의에 이르는 길에서 탈선하지 않도록 양측 모두에게 도움을 줄 수 있는 존재이다.

조정 : 과학이 아니라 예술

조정에는 정해진 규칙이 없을 뿐더러 기준이 되는 순서도 없다. 물론 미국중재협회나 분쟁해결을 위한 CPR 연구소 같은 기관에서 조정자와 분쟁 당사자에게 지침을 제시하고는 있다.

일부 조정자는 한치의 양보도 없는 첨예한 분쟁, 그러나 대개의 경우 금전 문제로 귀결되는 범위가 명확한 분쟁에서 뛰어난 수완을 발휘한다. 쉘링은 이런 분쟁을 분배적 분쟁(distributive disputes)이라 분류한다.

한편 조심스런 접근이 필요한 복잡한 쟁점을 가진 협상에서 능력을 발휘하는 조정자도 있다. 쉘링은 이런 분정을 효율성 분쟁(efficiency disputes)이라 분류한다.

어떤 유형의 분쟁이든 조정자는 양측 모두에게 신뢰를 얻어야 한다. 물론 쉬운 일은 아니다. 어떤 의미에서 조정자는 적의 동지처럼 보일 수 있기 때문이다. 따라서 조정자가 메신저로 자신의 역할을 규정하고 행동한다면 어느 쪽

의 감정도 상하게 하지 않겠지만, 양측이 합의에 이르도록
의미있는 역할을 해내려면 좀더 적극적이어야 한다.

어느 한쪽의 협상 입지를 더해주거나 약화시키는 행위는
조정자에게 절대 금물이다. 또한 관여한 분쟁에 대한 개인
적인 판단이 행동에 영향을 미쳐서도 안 된다. 양측 모두가
가장 효율적인 상태에서 협상을 벌인다면 예상되는 결과에
조정자의 노력이 틀림없이 반영될 수 있을 것이다.

조정 : 직업인가 부업인가?

누구라도 조정자가 될 수 있다. 또한 많은 사람들이 봉사
차원에서 중재자를 자처하고 나선다. 면허증이 필요한 것
도 아니다. 중재자에게는 공정한 판단력이 절대적으로 요
구되지만, 조정자의 경우도 마찬가지이다. 노사관계와 경
영 분쟁에 특별한 능력을 지닌 선택된 사람들이 중재를 통
한 분쟁해결에 거의 모든 시간을 쏟으면서 직업적인 중재
자로 활약하고 있다.

몇 년 전, 직업적인 중재자들이 모여서 '중재자들을 위한
아카데미'라는 연합회를 결성했다. 이 연합회는 중재자라
는 직업을 보호·고양·육성한다는 목적을 띠고 있으며,
중재자들이 부딪히는 주요한 문제들을 논의하기 위해 매년
모임을 갖는다.

반면에 직업적인 조정자는 그렇게 많지 않다. '중재자들
을 위한 아카데미'에 비교될 수 있는 조정자들을 위한 연합
회도 없다. 그러나 조정자와 중재자에게 요구되는 과제에

서는 겹치는 부분이 꽤 많다.

중립적인 제3자로서 중재자는 공정성의 의무를 갖기 때문에 때로 조정자로서의 역할이 요구되기도 한다. 또 중재하는 동안 조정을 시도할 수도 있다.

그러나 훌륭한 중재자가 반드시 훌륭한 조정자일 필요는 없다. 물론 훌륭한 조정자가 반드시 훌륭한 중재자인 것도 아니다. 조정자와 중재자에게 요구되는 자질이 일치하는 것은 아니기 때문이다.

학자는 훌륭한 중재자가 될 수 있다. 학자는 빈틈없이 생각하고 분석하며, 규칙을 엄격히 적용하기 때문이다. 그렇지만 학자가 조정자로서 항상 훌륭한 것은 아니다. 양측이 수용할 만한 것에 초점을 맞추지 않고, 자기 생각에 옳다고 생각되는 것에 경도되는 경향이 있기 때문이다. 그러나 조정자는 양측 모두가 수용할 수 있는 것에 우선적으로 초점을 맞추어야 한다.

조정자의 강점은 동시에 약점이기도 하다

조정자는 분쟁 당사자들을 구속하는 어떤 행위도 할 수 없기 때문에 분쟁 당사자에게 거의 피해를 주지 않는다. 분쟁 당사자들에게서 신뢰를 받고 있다는 사실 자체가 조정자의 강점이라고 말하지만 실제로는 그렇지 않다. 조정자는 첨예하게 대립되는 사안을 어떤 식으로든 해결하라고 양측에 강요할 수 없기 때문이다.

조정자가 어떤 조언을 하는 것도 바람직한 현상은 아니

다. 양측에서 어떤 조언을 구하더라도 조정자는 그 역할을 사양해야만 한다. 대부분의 경우 조정자의 조언이 어느 한쪽에만 유리한 것으로 들릴 수도 있기 때문이다. 조정자가 어느 한쪽을 공공연히 편든다면 다른 쪽의 신뢰감을 잃게 된다. 이런 상황에서 조정을 제대로 계속해나가기란 거의 불가능하다.

조정자나 중재자가 분쟁해결을 요청받는 기업의 성격에 대해 아는 것과 조정하는 법이나 중재하는 법을 아는 것, 둘 중 어느 것이 더 중요할까? 파산 법정은 조정자의 핵심 요건으로 파산법에 대한 정확한 지식을 요구하지만, 미국 국세청은 조정자로서의 수완을 더욱 강조하는 편이다.

분쟁해결을 요청받은 기업에 대해 아는 것보다 조정하는 법을 아는 것이 더 중요하다. 물론 기업에 대해서도 잘 알고 있다면 조정하는 데 커다란 도움이 될 것이다. 조정자는 분쟁해결에 필요한 정보는 언제라도 신속히 얻어낼 수 있기 때문에 무엇보다도 조정하는 법을 제대로 숙지하고 있어야 한다.

분쟁 당사자는 협상이 교착 상태에 빠지기 전까지는, 즉 양측이 명시적으로나 묵시적으로 최선이자 최후의 제안을 했음에도 분쟁이 해결될 조짐이 전혀 보이지 않을 때까지는 제3자의 도움을 거의 고려하지 않는다. 더 이상 양보할 것이 없다고 선언한 마당에 그들이 조정을 요청할 근거는 희박하다. 실제로 그들이 최후의 제안을 한 상황에서 무엇을 조정할 수 있겠는가?

하지만 그들이 겉으로만 최후의 제안이라 주장한 것이라면 협상의 걸림돌을 걷어낼 어떤 수단이 필요하다. 그들이 직접 조정을 제안한다는 것은 패배를 자인하는 것일 수 있다. 그래서 노사간의 협상에서는 연방 조정국이나 주 조정국이 교섭안의 기한 만료 30일 전에 조정자 역할을 제안할 수 있도록 법적으로 보장하고 있다. 이런 기관이 개입함으로써 협상가들이 더 이상 양보할 수 없는 최후의 제안이라고 발표한 후에도 부담없이 조정을 제안할 수 있도록 길을 열어 놓은 것이다.

고위 공직자나 명망 있는 제3자가 조정을 제안한다면 분쟁 당사자들도 훨씬 쉽게 조정에 응할 수 있을 것이다. 이때 조정자로 선택된 사람은 조정을 제안한 사람의 권유를 존중해서 분쟁해결에 참여하게 되었다는 의사를 분명히 보여줄 필요가 있다. 그런 식으로 반응해야 분쟁 당사자들의 '최종안'을 약화시키지 않으면서 원활히 조정을 진행할 수 있기 때문이다.

때로는 최종 제안이 말그대로 사실인 경우가 있다. 그럴 경우 조정자의 개입은 협상가에게 귀찮은 혹일 수 있다. 하지만 조정자가 그 협상가에게 궁지에서 벗어날 방도를 마련해줄 수도 있다. 어쨌든 협상가는 어떤 경우에도 "절대 안돼!"라고 말하지 않는 것이 가장 현명한 처사이다.

사회적으로 명망있는 인사들로 구성된 민간단체인 분쟁해결을 위한 CPR 연구소는 가입자들에게 ADR을 법적 소송의 대안으로 인정한다고 서약하게 한다. 이는 조정을 요

청하고 싶은 분쟁 당사자를 나약하게 보이지 않도록 해주
는 적절한 장치라 생각한다. 분쟁 당사자가 조정에 반대하
지는 않지만 조정자 선정을 직접 요청하기에는 부담스럽다
는 기색을 비공식적으로 내비칠 때 제3자가 조정을 제안하
고 적절한 사람을 조정자로 추천함으로써 그런 딜레마를
해결할 수도 있다.

사회에 영향을 미치는 분쟁의 경우 정부 관리가 조정을
제안할 수도 있다. 1964년 철도파업에서는 존슨 대통령,
1963년 뉴욕의 신문사들이 114일 동안 파업했을 때에는 와
그너 시장, 1995년 몇 달 동안 계속된 프로야구단의 파업에
서는 클린턴 대통령이 조정을 제안했다. 또한 1987년 NBC
경영진과 방송 기술요원간의 분쟁에서는 오코너 추기경이
조정을 제안해서 원만한 결과를 얻었다.

중립적인 제3자의 선별에 참여한다

법적 소송에 비해서 조정과 중재가 갖는 가장 커다란 이점
은 분쟁의 이유를 들어줄 조정자와 중재자의 선택에 분쟁
당사자가 직접 참여할 수 있다는 점일 것이다.

법적 소송에서 판사는 법원 체계에 따라 일방적으로 선
정되지만, 조정과 중재에서는 양측이 조정자나 중재자로
적절한 인물 또는 선정 방법에 대해서 합의를 보아야 한다.

일반적인 관례에 따르면 양측이 이름 있는 중립적 단체
에 적절한 인물들의 명단을 요청하는 것으로 시작한다. 그
다음 양측은 한쪽에서 의문을 제기하는 이름을 지워나가면

서 양측 모두가 인정할 수 있는 한 사람을 찾아나간다. 만약 적절한 인물을 찾지 못할 경우에는 두 번째, 심지어 세 번째 명단을 요청할 수도 있으며 중립적인 단체나 명망 있는 인물에게 조정자의 선정을 맡길 수도 있다.

변호사가 광고로 자신의 이름을 알리듯이 조정자와 중재자도 특별한 분야에서 능력 있는 사람이란 것을 널리 알릴 수 있다. 하지만 어떤 특정한 분쟁에서 자신이 적임자라고 나서는 것은 바람직하지 않다. 물론 다른 사람의 입을 빌어 알릴 수는 있다.

중립성 : 상근직 혹은 비상근직

과거의 노사분규에서 조정자와 중재자는 어느 한쪽을 대리한 협상가로 나서는 경우가 거의 없었다. 반면에 변호사는 노동조합이나 경영진 어느 한쪽을 일방적으로 대리하는 경향을 띠었다. 하지만 노사관계가 이념적 색채를 탈피하고 실리적인 모습을 띠면서 요즘 변호사는 사안에 따라서 경영진을 대리하거나 노동조합을 대리한다.

나 역시도 초기에는 중재자나 조정자로 분쟁을 조절했지만 나중에 어느 한쪽을 대표해서 협상가로 활동한 경우가 있었다. 그러나 나는 나름대로 확고한 원칙을 갖고 있었다. 조정자나 중재자로 활동했던 경험을 살려 어떤 분쟁에서나 중립적인 위치를 벗어나지 않으려 애썼다.

미 프로풋볼리그(NFL)와 선수협의회의 협상에서 내가 구단주측을 대리했을 때《뉴욕 타임스》가 자랑하던 스포츠

기자 존 키어난은 내가 조정자로 나섰을 것이라 지레 짐작하고, 내가 구단주측을 편든다고 비난했다. 실제 내 역할이 알려지면서 엉터리 기사임이 밝혀졌지만, 나는 어렵지 않게 그의 오해를 해소시켜줄 수 있었다.

내가 스스로에게 부가한 철칙에서 벗어났던 단 한 번의 명백한 예외가 있었다. 나는 그 명백한 예외적 상황을 예로 제시함으로써 조정자가 해낼 수 있는 다양한 역할을 설명하려 한다.

나는 1963년 뉴욕 언론계의 조정자로 선정되어 분쟁이 줄을 잇던 1978년까지 활동했다. 1978년 8월 《뉴욕 타임스》, 《뉴욕 데일리 뉴스》, 《뉴욕 포스트》의 인쇄공노동조합이 파업을 했다. 세 신문사가 인쇄기 운영에 할당된 인원수를 감축하겠다고 일방적으로 발표한 직후였다.

신문사의 각 부서를 대리하는 10개 노동조합의 조합원들은 전통적인 관례에 따라 인쇄공들의 피켓 라인(파업할 때 노조측의 감시선—옮긴이)을 넘어서지 않았다. 결국 신문 발행이 중단될 수밖에 없었다.

노사 양측에서 분쟁의 조정자로 요청받지 않은 상태였기 때문에 그 분쟁에 내가 개입할 여지는 없었다. 파업이 지루하게 계속되면서 당시 집배원조합과 뉴욕출판업자치조합의 산하 단체인 출판업연합회 회장이던 조지 E. 맥도널드가 내게 그의 노동조합과 신문 발행인들과의 공개 협상을 조정해주고, 아울러 인쇄공의 파업에도 조정자로 개입해달라는 제안을 해왔다. 나는 양측 모두가 내게 조정자 역할을 맡아 달라고 요청하지 않는다면 두 분쟁에서 조정자로서의 역할을 해낼 수 없다고 했다.

그러나 《뉴욕 타임스》와 《뉴욕 데일리 뉴스》가 그들의 공식 대변인으로 선정한 《뉴욕 포스트》의 발행인 루퍼트 머독이 파업에 가담하지 않은 조합원들을 은근히 선동하고 있는 것을 확인할 수 있었다. 머독의 주장은 인쇄공들이 지나치게 무리한 요구를 하고 있음에도 파업에 가담하지 않는 조합원들이 인쇄공노조를 지원한다는 것은 결국 인쇄공노조에 '이용당하는 것'이란 논리였다. 나는 인쇄공노조가 그들을 실제로 이용하고 있는지 확인하고 싶어서 출판업연합회에 내게 그 역할을 맡겨 달라고 제안했다. 말하자면 머독이 노동조합들을 이간시키고 있던 갈등 원인을 공평한 입장에서 살펴보는 진상조사원을 자청한 것이다.

맥도널드는 내 제안을 흔쾌히 받아들였고, 출판업연합회는 찬반 투표를 통해 내게 그 역할을 정식으로 요청했다. 나로서는 노동조합들을 대리하는 것이 아니라 그들이 실제로 인쇄공노조에 이용당하고 있는가를 확인해서 그들에게 조언하는 역할이었기 때문에 출판업연합회의 제안을 거절할 이유가 없었다. 나는 한푼의 보수도 받지 않고 그 역할을 충실히 해내겠다고 약속했다.

내가 그들의 조언자로 활동하는 동안 머독은 내가 《뉴욕 포스트》를 업계에서 몰아내려 《뉴욕 타임스》, 《뉴욕 데일리 뉴스》와 음모를 꾸미는 것이라 비난하며 협상 테이블에서 철수해버렸다. 머독이 철수하면서 연방정부에서 임명한 중재자도 떠났지만, 인쇄공노조와 《뉴욕 타임스》, 《뉴욕 데일리 뉴스》는 협상을 계속했고, 내가 조정자 역할을 맡았다.

머독은 협상장에서 철수한 직후, 노동조합들과 '일심동체'안, 즉 《뉴욕 타임스》와 《뉴욕 데일리 뉴스》가 어떤 식으로 협상하든 수용하겠다는 합의문에 서명했다. '일심동체'안에 서명함으로써 두 경쟁사는 여전히 파업에 시달렸지만 머독은 《뉴욕 포스트》를 발간할 수 있게 되었다. 덕분에 머독은 《뉴욕 포스트》의 발행 부수를 배가시킬 수 있었고, 그 동안 무척이나 원했지만 치열한 경쟁 때문에 감히 시작할 수 없었던 일요판까지 발간할 수 있었다. 머독이 '일심동체'안에 서명한 이후에도 다른 신문들의 파업은 상당기간 계속되었지만, 머독이 일요판을 경쟁력 있는 신문으로 정착시키기에는 충분치 못한 시간이었다. 다른 신문들이 발간을 재개하면서 머독은 곧바로 일요판을 접어야 했다.

그래서 로버트 브라우닝의 〈잃어버린 지도자〉에서 인용한 한 구절이 노동조합과 경영진, 언론계에서 한동안 입방아에 올랐다. "한 움큼의 은전(銀錢) 때문에 그는 우리 곁을 떠났다/그의 외투 속을 여며줄 끈 하나 때문에."

지미 카터 전 대통령은 국제적인 조정자로 놀라운 성공을 거두었지만, 그가 조정자로 나섰던 분쟁에서 때로는 독재자나 악당에게 지나치게 우호적이라는 이유로 비난을 받았다. 그러나 공손함과 예의는 어떤 분야의 조정에서건 필수적인 요소이다.

많은 협상에서 카터를 가까이에서 관찰했던 카터센터 중

동문제 연구원 케니스 W. 스타인은 카터가 협상 상대에 대한 선입견을 지우려 무척이나 노력했다고 전하고 있다.

"카터는 상대의 인간성에 대해서, 상대가 주장하는 이데올로기에 대해서, 상대가 최근에 저질렀던 행위에 대한 선입견을 지우고 협상에 임했다. 많은 사람들이 '독재자인 그런 인간, 야만적이고 인권을 말살한 그런 인간, 요컨대 당신이 지독히 싫어하는 것을 빠짐없이 갖춘 그런 인간과 어떻게 이야기를 나눌 수 있습니까?'라는 의문을 품은 것도 그 때문이다. 하지만 카터는 협상을 원만하게 진행하기 위해서는 그 인물에 대한 평소의 생각에서 벗어날 수 있어야만 한다는 사실을 항상 기억하고 있었다."

조정에서는 바로 이런 식의 접근이 필요하다. 유엔 사무총장이 185개 회원국 대표를 똑같이 대하듯이 카터는 조정자로서 쌍방을 최대한 존중하며 정중하게 대함으로써 그들이 합의에 이르도록 했던 것이다. 이렇듯 조정자가 분쟁 당사자들에 대한 솔직한 감정을 어느 한쪽이나 양쪽 모두에게 그대로 드러낸다면 조정자로서의 목표를 성취할 수 없을 것이다.

양측과 개별적으로 만난다

중재자가 상대의 명시적인 동의 없이 어느 한쪽을 개별적으로 만나는 것은 비윤리적인 행위이다. 하지만 조정자에게는 그런 제약이 없다. 조정자에게는 분쟁을 최종적으로 결정할 권한이 없기 때문이다. 따라서 조정자는 쌍방과 개별적으로 만나는 것에 적극적이어야 한다. 쟁점이 명확히 정해진 3자 협상이 있은 직후에 그런 만남은 더욱 바람직하다.

조정자가 개별적인 대화를 통해서 무엇인가를 얻어낼 수 있다면 얼굴을 맞댄 협상장에서는 머뭇거리면서 과감하게 새로운 의견을 제안하지 못하는 양측에게 입장 변화를 갖도록 권유할 수 있는 유리한 위치에 서게 된다. 또한 개별적인 만남을 통해서 조정자는 쌍방이 갖고 있는 우려감, 협상에서 그들이 강점과 약점이라 생각하는 것을 감지해낼 수 있다. 따라서 조정자는 개별적인 만남을 통해서 쟁점을 명확히 하고 관련된 사실에 접근해나갈 수 있다. 다수의 기업이나 노동조합이 참여하는 협상에서도 당사자들 모두와 개별적으로 대화를 나눌 수 있다면 조정자는 기업이나 노동조합 내의 의견 차이까지도 조율할 수 있을 것이다.

민간분야에서 일어난 분쟁의 협상은 사적인 문제이다. 그러나 그 분쟁이 공공의 이익에 영향을 미친다면 — 가령 생명과 관련된 산업체의 파업 — 언론은 지대한 관심을 보이면서 잠시도 고삐를 늦추지 않는다. 언론계 사람들은 짜증스러울 정도로 집요하지만, 그들의 간섭은 결코 피할 수 없다는 것이라 인정해야 한다.

언젠가 나는 호텔 방에서 비밀회담을 가진 적이 있었다. 그 회담은 절대적으로 비밀이 보장되어야 하는 만남이었다. 우리는 충분히 조심했다고 생각했지만 모임을 끝내고 방문을 여는 순간 AP통신사 톰 크레인 기자의 얼굴이 보였다. 우리가 그곳에서 모임을 갖는다는 사실을 그가 어떻게 알아냈는지 나는 지금도 모르겠다. 물론 크레인 기자도 나에게 말해주지 않았다.

성명서 발표

조정자는 협상의 진행 과정을 언론에 어떻게 알릴 지 양측과 논의해야 한다. 성명서를 발표하기로 합의가 된다면 조정자는 그 역할을 자기에게 맡겨 달라고 양측을 설득해야 한다. 그 역할이 분쟁 당사자들에게 주어진다면 언론 앞에서 자기 입장만을 주장할 것이고, 그 주장은 상대를 자극할 것이 불을 보듯 뻔하기 때문이다.

따라서 대(對)언론 발표가 양측의 어느 쪽도 당혹스럽게 만들지 않을 것이라고 안심시켜주기 위해서, 조정자는 언론에 발표할 성명서의 핵심을 양측과 미리 합의해야 할 것이다. 또한 조정자는 어느 한쪽이라도 성명서를 발표해야 겠다고 생각한다면 조정자에게 미리 그 사실을 알려달라고 제안할 수도 있다. 그럴 경우 조정자는 그쪽에서 발표하려는 자극적인 문구를 조금이라도 완화시킬 수 있는 기회를 가지게 되기 때문이다.

양측 모두가 언론과의 접촉 자제 요청에 불만을 갖더라도 적어도 협상이 파국의 시점에 다가설 때, 즉 어떤 결정이 되는 단계에 이를 때에는 조정자의 자격으로 언론 발표를 금지시켜야 할 것이다.

조정자에게 주어지는 보상

어떤 보상도 없이 봉사 차원에서 일하는 조정자는 협상을 끌어가는 데 한층 강력한 입장에 서게 된다. 어느 한쪽 혹은 양쪽 모두가 그에게 협조하지 않는다면 사임하겠다고 발표하면 그만이기 때문이다. 결국 조정자가 사임할 수 있는 권리는 일종의 파업과도 같은 무기가 된다.

그러나 중재자의 입장은 다르다. 중재자는 쌍방에 합의하라고 설득할 필요가 없다. 양측이 어떤 식으로 행동하든 중재자에게는 구속력을 갖는 최종 결정권이 주어져 있다. 또한 중재자는 일당으로 비용을 청구할 수 있으며, 자신의 역할에 대한 보상을 사절할 아무런 이유가 없다.

조정자가 보상 없이 활동하면 운신의 폭이 훨씬 넓어지는 것이 사실이지만, 누군가에게 아무런 보상도 없이 정기적으로 조정 역할을 해 달라고 요청하는 것은 바람직한 현상이 아니다. 게다가 지루하고 처절한 싸움이 상당 기간 계속될 듯한 분쟁에 관여하게 될 경우 조정자는 협상이 진행되는 동안 다른 일을 모두 팽개쳐야 할지도 모른다. 실제로 나는 무려 100일 정도를 질질 끌었던 분쟁을 여러 번 경험했다.

나는 조정자로서의 역할에 대한 보상을 청구하지 않는 것을 원칙으로 삼았다. 그렇다고 내가 분쟁해결을 취미 삼아 하는 것은 아니다. 나는 중재자나 협상가로 활동할 때에는 그에 합당한 보상을 청구한다. 그러나 내가 조정자로서 능력을 발휘하며 주요 분쟁들을 해결해낼 수 있었던 것은

어떤 보수도 바라지 않고 봉사심으로 뛰어들었기 때문에
가능했다. 분쟁을 해결하는 데 기여하는 것이 내 역할이라
생각했기 때문이다.

조정자의 중요한 다섯 가지 역할

조정자는 다음과 같은 다섯 가지 주요 역할을 함으로써 협상 당사자들이 합의에 이르도록 도울 수 있다. 1) 협상 절차의 관리인으로서, 2) 협상의 감독관으로서, 3) 협상자들의 교사로서, 4) 분쟁 당사자들의 연결고리로서, 5) 절차상의 쟁점과 본질적 쟁점에 창의적으로 접근하도록 하는 개혁가로서의 역할이 그것이다.

역할 1 : 관리인으로서의 조정자

조정자는 자신에게 주어진 역할의 기본적인 법칙을 재검토해보아야 한다. 조정자는 협상 기록을 관리하는 사람이라는 사실을 협상 당사자들에게 분명히 인식시켜주어야 한다. 말하자면, 조정자의 임무는 양측이 합의에 이르도록 도와주는 것일 뿐 분쟁해결을 위한 최종 결정권은 협상 당사자들에게 있으며, 조정자는 분쟁을 어떤 식으로 해결해야 한다고 말해줄 의무가 없음을 확실히 설명해주어야 한다.

조정자의 역할이 합의에 이르도록 돕는 데 그친다는 사실을 재확인하기 위해서, 조정자는 양측 모두로부터 요청을 받지 않는 한 어떤 조언도 하지 않을 것이라는 사실도 분명히 해두어야 한다.

협상이 진행되는 동안 쟁점은 필연적으로 한 번에 하나씩 논의될 것이기 때문에, 모든 쟁점이 해결되기 전까지는 특별한 쟁점에 대한 합의가 이루어지더라도 그 합의 사항이 구속력을 갖는 것은 아니라는 점에 양측이 합의하도록 해야 한다. 이럴 경우 어떤 쟁점에 대해 상대가 양보할 것이란 확신이 있기 전에는 개별 쟁점에 대해서도 좀처럼 양보하지 않으려는 협상자들의 거부감을 자연스레 제거할 수 있다.

또한 조정자는 조정기간 동안 여타의 토론장에서 어느 한쪽이 주장한 것을 인용하지 않는다는 데 합의하도록 양측 모두에게 요청해야 한다. 이런 요청에 양측이 합의한다면 협상을 하는 동안 상호양보에 따른 타협이 한결 용이할 것이기 때문이다. 실제 미국의 일부 주에서는 조정기간 동안 주고받은 대화의 발설을 특별히 금지하는 규정까지 채택하고 있다.

분쟁이 대중의 관심을 끌 경우 조정자는 어느 정도까지 언론에 발표할 것인지, 그리고 누가 그 역할을 맡을 것인지 양측과 논의해야 한다. 조정자가 발표할 내용을 미리 확인한다는 조건 하에 조정자가 성명서를 발표하는 것으로 양측이 합의한다면 최선의 결과일 것이다.

조정자가 그 역할에 대한 보수를 기대한다면, 회담을 시작할 때 보수 문제를 미리 논의해두어야 한다.

역할 2 : 감독관으로서의 조정자

나는 한 분쟁의 조정을 맡으면서 조직적으로 수행하는 업무를 조율하는 고급 기술자는 단독으로 일하는 기술자와 완전히 구분되어 '감독관'이라 불리면서, 때로는 '아인슈타인'이라 불린다는 것을 알게 되었다.

조정자는 모임을 주관하고, 모임 시간을 언제로 할 것인지, 모임을 언제 중단하고, 개별적인 모임을 어떻게 가질 것인지 만약 가진다면 언제 할 것인지를 결정한다. 합의에 거의 이르렀다고 판단되면, 조정자는 분쟁을 완전히 해결하기 위해 양측에 모임을 채근하고 더욱 분발하도록 촉구할 수 있다. 한편 논의가 감당할 수 없을 정도로 계속해서 겉돌면 조정자는 일정한 기간 동안 냉각기를 갖도록 요청할 수도 있다.

분쟁의 쟁점을 정확히 규정하는 데 도움을 주라

대개의 경우 조정자는 협상이 어느 정도 진행된 뒤에◌ 분쟁에 관여하게 된다. 분정 당사자와 사전 거래가 있었더라도, 조정자는 분쟁에 대해서 많은 내용을 짧은 시간 내에 숙지할 수 있어야 한다. 조정자는 분쟁의 내용을 파악하는 동시에, 분쟁의 쟁점을 명확히 규정해 나가면서 양측의 입장 차이를 좁혀야 목표를 성취할 수 있다.

내가 분쟁 현장을 여러 군데 옮겨다니면서 깨달았던 것이 있다면, 분쟁 당사자들은 나름대로 사용하는 용어에 무척이나 익숙해져 있어서 자신들이 사용하는 언어를 조정자도 당연히 알 것이라고 생각한다는 점이다. 따라서 조정자는 자신에게 익숙하지 않은 용어에 대한 정확한 정의를 묻는 데 머뭇거려서는 안 된다.

머리말에서 지적했듯이 아주 노련한 협상가들조차 때로는 분쟁의 성격을 완전히 파악하지 못한 채 상대방과 전혀 다른 시각에서 분쟁에 접근하는 경우가 많다.

조정자는 쟁점을 명확히 하는 데 상당한 도움을 줄 수 있다. 협상을 주도하기 위해 조정자가 할 수 있는 가장 좋은 방법은 양측이 얼굴을 맞댄 자리에서 각자의 입장을 조정자에게 주장하도록 하는 것이다. 각자의 입장을 개별적으로 주장하도록 하면 일반적으로 협상가들은 자신들에게 유리한 관점에서 주장을 편다. 그러나 그들이 한방에 있게 되면 각자의 주장이 갖는 불합리성, 부정확한 내용만이 아니라 장점까지도 상대방에게 면박당할 수가 있다. 상대방이 같은 방에 있다는 사실만으로도 양측 모두에게 주장의 수위를 낮추도록 만드는 효과를 갖는다. 이렇게 함으로써 조정자는 개별적인 만남에서는 얻어낼 수 없는 정보를 양측 모두에게서 얻어내 차근차근 축적할 수 있다. 단, 공정한 친구로서의 입지를 위태롭게 만들 우려가 있는 질문을 던지거나 대답을 강요하는 것은 절대 금물이다.

공통된 방향에서 쟁점을 확인하고 분류하라

쟁점이 정확히 규정되지 않고 애매하게 남아 있다고 해서 반드시 불리한 것은 아니다. 조정자는 쟁점들을 정확히 규정해 관련된 쟁점들을 하나의 방향으로 재분류함으로써 분쟁해결에 도움을 줄 수 있다. 기본적인 쟁점들이 해결되지 않은 채 있더라도 조정자가 쟁점들을 깔끔하게 재분류하는 것만으로도, 무엇인가를 이뤄낸 분위기를 만들 수 있다.

분쟁의 쟁점을 양측이 논의하며 규정하는 데도 상당한 시간이 걸릴 수 있다. 가령 내가 관여했던 언론사 분쟁에서는 쟁점을 규정하고 평가하는 데만 보름이란 시간이 걸렸다. 하지만 쟁점을 규정하는 과정은 나중에 협상을 빠른 속도로 진척시키고, 분쟁 당사자들에게 실제 목표를 중점적으로 논의하게 하는 데 많은 도움이 되었다.

조정자는 이처럼 분쟁의 쟁점을 확인한 후, 그런 쟁점들만 해결되면 분쟁을 끝낼 것인지 양측에게 물어야 한다. 그런 질문에 한쪽이라도 긍정적인 대답을 하지 않을 경우 조정자는 모든 쟁점을 원점부터 재확인하는 절차를 거쳐야 한다. 이렇게 함으로써 협상이 마무리지어질 시점에 새로운 쟁점, 즉 조정자가 어렵사리 끌어온 협상 자체를 완전히 무산시켜버릴지도 모를 쟁점이 불거지는 것을 막을 수 있다.

쟁점을 목록화해서 논의하는 동안 나는 "자, 내가 당신 생각을 제대로 이해하고 있는지 확인해봅시다. 그러니까 당신은 지난 모임에서 거부했던 쟁점에 대해 양보안을 찾고 있는 거지요?"라고 묻거나, 충분히 논의되지 못한 비슷한 사안을 지적하면서 느슨해진 고리를 다시 죄는 작업을 게을리하지 않았다.

그리고 상대 협상가에게도 똑같은 혹은 비슷한 질문을 했다. 양측에서 긍정적인 대답을 끌어낸다면, 그것으로 쟁점은 명확히 규정된 것으로 보아도 무방하다. 이는 분쟁해결을 위한 첫걸음으로, 이때부터 양측은 불신이나 증오심을 털어버리고 기본적인 입장 차이를 줄여나가게 된다.

다음으로, 나는 쟁점을 분류해서 양측에게 이름을 붙이도록 했다. 쟁점의 확인 · 평가 · 분류는 하나의 완벽한 그림을 그려준다. 개념에 관련된 항목, 사고(思考) 체계와 입장 등을 중심으로 분류가 마무리되면, 양측이 항목별로 논의할 수 있어 협상이 한결 쉬워진다. 완벽한 그림이 그려졌다는 사실을 분명히 확인하기 위해 조정자가 쟁점들을 다시 한 번 점검하는 과정도 필요하다. 경우에 따라서는 분류 항목을 덧붙일 수도 있다.

이런 점검 과정은 상당히 신속하게 진행되는 것이 보통이며, 무엇인가를 이루어냈다는 성취감은 물론이고 안도감까지 안겨줄 수 있다. 이 과정이 끝나면 양측이 기분전환을 하면서 자신의 관점을 돌이켜볼 수 있도록 협상을 잠시 중단하는 것도 좋다.

나는 1962~63년 114일 동안이나 신문 없는 뉴욕시를 만들었던 파업에 관여하면서 위의 절차대로 했다. 1주일간의 모임 이후, 나는 수많은 쟁점들을 재정리해서 관련된 쟁점들을 일곱 개의 항목으로 분류했다. 그렇게 하고나자, 양측 모두는 실제로 뭔가 진전을 이룬 것처럼 느꼈다. 《뉴욕 데일리 뉴스》의 발행인 잭 플린은 정중한 목소리로 내게 이렇게 말했다.

"킬 씨, 축하합니다. 논쟁중인 쟁점들을 솎아내 핵심 쟁점만을 남겨놓았군요."

훗날, 우리는 서로 이름을 부르는 절친한 사이가 되었다.

많은 쟁점을 가진 분쟁에 접근하는 순서

한 번에 한 가지 이상의 쟁점을 논의하기란 사실상 불가능하다. 또 분쟁 당사자가 차례대로 하나씩 쟁점을 합의해나간다는 것도 어렵다. 기껏해야 그들은 특정한 사안에 대해서 잠정적으로 합의하면서, 다른 쟁점들이 합의되는 것을 봐가면서 결정짓겠다고 말한다. 그렇다면 쟁점들을 어떤 순서로 논의할 것인가?

때때로 조정자는 작은 쟁점에서 시작해 하나씩 해결점을 찾으면 양측에 성취감을 안겨줘 화기애애한 분위기를 만들 수 있을 것이라고 생각한다. 주된 쟁점에 대한 합의가 사소한 쟁점에서 양보를 얻어내는 데 방해가 되거나 불가능하게 만들 수도 있다는 우려 때문이다. 이런 방식은 작은 쟁점이 해결되기 전까지 핵심 쟁점이나 골치아픈 쟁점 논의를 꺼리는 조정자에게 적절한 방식이다. 하지만 쟁점에 따라서 양측이 완전히 다른 생각을 가질 수 있다는 사실을 간과해서는 안 된다.

그러므로 조정자는 쟁점을 논의하는 순서에 대한 자신의

입장을 내비춰서는 안 되며 논의 과정에서 자연스럽게 결정되도록 유도해야 한다.

의사결정의 메커니즘

감독관으로서 조정자는 양측이 어떤 식으로 의사 결정을 하는지에도 관심을 가져야 한다. 또한 누가 궁극적인 의사 결정권자인가를 파악하는 것도 도움이 된다. 그러나 양측이 협상 테이블에 대변인으로 내세운 협상가들의 배후까지 캐내려고 해서는 안 된다.

기업 연합회나 노동조합이 협상의 당사자일 때, 최종 의사 결정권자를 알아내는 것은 매우 중요하다. 협상장에 모습을 나타내지 않아 협상의 내용이나 진척 상황에 대해 사소한 것까지 모르는 의사 결정권자들이 어떻게 건전한 결론을 내릴 수 있겠는가?

뉴욕시 신문사 노동조합이 114일 동안 파업을 벌이던 당시, 《뉴욕 헤럴드 트리뷴》의 회장으로 뉴욕시 신문 발행인 협회를 대표했던 노련한 협상가 고(故) 월터 테이어 씨는 "발행인 협회에서 한 가지 결론을 내리려면, 마치 당밀통에서 걷는 기분이었다"고 불평을 터뜨렸다. 조정자는 협상 당사자가 여럿이어서 의사결정구조가 복잡할 경우 조정에 어려움이 뒤따른다는 사실을 항상 염두에 두어야 한다.

지역 분규에서는 불평하는 사람들의 정체와 권한을 명확히 설정하기가 힘들다. 경찰을 비롯한 법집행자들을 향한 울분, 땅 주인이나 병원이나 학교 등에 대한 분개 등이 그들의 불만일 수 있다. 게다가 서로 상충되는 목표와 요구를 가진 자칭 '지도자'들이 여럿일 수도 있다.

1960년대 말 대학 캠퍼스가 시끄러웠을 때, 당시 대학 분규의 전형이라 할 수 있던 펜실베이니아대학의 행정당국이 나를 조정자로 초빙했다. 내가 맞닥뜨린 첫 문제는 누구를 만나 이야기를 시작해야 하느냐는 것이었다. 한쪽은 총장과 학장 그리고 각 부서의 대표들이었지만, 학생측의 입장을 대변할 사람은 누구인지 알 수가 없었다. 막연하게 광범위한 개혁을 주장하며 매력적으로 들리는 요구를 해대는 호전적인 집단을 포함해서 그 역할을 자처하고 나선 지원자가 여럿이었다.

우선 나는 목소리를 높이는 호전적인 집단을 만났다. 하지만 그들에게는 대표로 지정된 학생도 없었을 뿐 아니라, 자신들의 요구를 실현시킬 방법에 대해서도 명확한 대안이 없었다. 나는 그들과 여러 차례 만났지만, 그때마다 다른 얼굴이 협상장에 나타났다. 그래서 내가 정식으로 대표로 인정받은 학생이 있느고 묻자 투표로 선출된 학생회장과 학생회 간부들이 있다고 대답했다. 내가 그들을 만날 수 없는 이유를 묻자, 그들은 투표로 선출된 학생회장이 학성들의 생각을 대표하는 것은 아니라고 대답했다. 나는 다시 물었다. "너희가 정식으로 선택한 대표자와 이야기를 하지 않는다면, 과반수의 학성들이 원하는 것이 무엇인지 내가 무슨 수로 알 수 있겠느냐?" 나는 만족스런 대답을 듣지 못했다. 펜실베이니아대학의 분규는 그 후로도 수개월 동안 계속되었지만 명쾌한 해결점을 찾을 수 없었다.

같은 시기 비슷한 상황에서, 나는 컬럼비아대학 캠퍼스 내의 해밀턴 홀을 점거한 흑인 학생들과 만날 기회가 있었다. 흑인 학생들은 할렘 지역과 인접한 모닝사이드 하이트 공원에 체육관을 지어달라고 요구하면서, 해밀턴 홀을 불법 점거하고 바리케이드까지 쌓아두고 격렬하게 항의하고 있었다.

내 친구이자 메트로폴리탄 응용연구센터 연구원이던 케니스 B. 클라크 박사는 나를 조정자로 내세워 대학 당국과 분쟁을 논의하고 해결점을 찾는 것이 어떻겠냐고 학생들에게 제안했다. 학생들은 클라크 박사의 제안에 동의했고, 나도 그 제안을 기꺼이 받아들였다. 학생들이 건물 앞에 쌓아둔 바리케이드를 넘어가 깨끗이 정돈된 방에서 나는 학생들을 만날 수 있었다. 학생들 앞에는 대표자로 보이는 학생이 책상에 앉아 있었다. 흑인 학생들은 깍듯하게 예의를 갖추고, 그들이 원하는 것과 그 이유에 대해서 일치된 주장을 했다. 하지만 대학 당국을 설득해서 합의해야 할 것이 무엇인지에 대해서는 전혀 모르고 있었다.

학생 대표는 나와의 회담을 주관하며 내게 아주 적절한 질문을 던졌다. 내가 그들을 어떻게 도와줄 수 있냐고! 내 대답은 분명했다. 내가 어떤 도움을 줄 수 있다고 확실하게 단언할 수는 없지만, 적어도 그들이 목표를 달성하는 데 있어 무엇을 해야 하는지 함께 논의할 수는 있다고. 그리고 그들이 성취하고 싶은 것이 무엇인지 확실히 규정한 다음,

원하는 것을 어떻게 얻어낼 것인지 집중적으로 논의해야 할 것이라고 조언해주었다. 더불어 원하는 것을 대학 당국으로부터 얻어내기 위해서는 대학 당국을 설득해야 할 것이며, 대학 당국이 그들의 요구에 합의하도록 하기 위해서 무엇을 할 수 있는지 면밀히 생각해야 할 것이라고 지적해주었다. 아울러 그런 준비를 철저하게 하지 않으면 어떤 것도 성취하지 못할 것이라고 분명히 말해주었다.

나는 거의 한 시간 동안 그들과 이야기를 나누었다. 분명한 목표를 지향한 질서정연한 토론이었다. 나는 학생들에게 갈등해결의 메커니즘을 설명하는 데 대부분의 시간을 할애했다. 협상을 통해서 갈등을 해결하자면 양측의 합의가 있어야 하고, 학생들은 요구하는 입장이기 때문에 문제 해결의 열쇠는 그들의 요구에 응하도록 대학 당국을 설득하는 데 있다는 내 설명을 조금씩 깨달아가는 것을 느낄 수 있었다. 그들이 내 조언을 긍정적으로 받아들이면서 나와 계속해서 접촉하고 싶다고 말했을 때, 나는 무척이나 기뻤다.

내가 그 건물을 나오자, 다른 건물에 모여 있던 약 300여 명의 대학 직원들이 나와 만나고 싶어했다. 나는 그들과 30분 정도 만났다. 모두가 나름대로 위기를 타개할 방법을 제시했다. 나는 거의 300여 개의 처방책을 들으면서, 저 많은 생각들을 꺾고 흑인 학생들과의 갈등을 해소하자면 대학이 상당한 어려움을 겪어야 할 것이라는 우려감을 떨칠 수 없었다. 그들과 논쟁을 벌이며 의견을 하나로 수렴하기란 불가능하다고 판단해 나는 그들과의 논쟁을 끝냈다.

그리고 나는 그레이선 커크 총장을 찾아가, 불법시위를 통한 분쟁에서 필연적으로 제기되는 부수적인 문제를 논의했다. 불법행위에 가담한 학생들을 어떻게 할 것인가에 대해 의견을 나눴다. 총장은 현격한 불법행위를 저지른 학생은 교실로 돌아가게 할 수 없다는 생각을 가지고 있었다. 그 점은 나도 총장과 같은 생각이었다. 하지만 나는 흑인 학생들 중에서 누가 그런 죄를 지었는지, 정상참작을 할 수는 없는 것인지 등에 대한 문제를 제기했다. 또 쟁점이 해결되지 않을 경우에는 중재를 요청할 수도 있다는 사실을 알려주었다.

커크 총장은 자신이 불법시위에 가담한 학생을 교실로 복귀하도록 허락할 경우, 전국의 대학 총장들이 어떤 반응을 보일지 걱정하는 눈빛이 역력했다.

학생들은 그날 저녁에도 나를 만나고 싶어했지만 나와 연락이 되지 않았다. 그날 저녁 늦게 경찰이 투입되어 학생들을 해밀턴 홀에서 강제로 끌어내는 불상사가 있었다. 커크 총장은 학생들과 협상을 해보았자 소용이 없다고 생각했던 것이 틀림없다. 이 사건을 돌이켜보면, 학생들이 대화할 준비가 돼 있더라도 협상을 통한 해결은 거의 불가능했던 것으로 보인다. 그렇지만 대화가 분쟁해결을 위한 첫걸음이라는 사실을 결코 잊어서는 안 된다.

역할 3 : 교사로서의 조정자

조정자는 쟁점을 파악하려 씨름할 때에도 교사의 역할을

할 수 있다. 조정자는 양측 모두에게 각자의 목표를 쟁취할 방법을 생각하도록 북돋워주면서 상대의 목표까지 인정하도록 권하면서 교사 역할을 해내야 한다.

협상 과정에서 조정자는 분쟁에 대한 성격만이 아니라 협상장에 앉은 협상가들의 개인적인 정치 성향 등 많은 것을 알게 된다. 대부분의 경우 조정자는 전혀 다른 시각에서 분쟁을 분석함으로써, 분쟁 당사자들이 너무도 익숙한 탓에 놓쳐버린 분쟁의 핵심까지도 파악할 수 있다. 또한 분쟁 당사자들이 엄두를 내지 못하는 분쟁해결을 위한 접근법까지 차근차근 생각해볼 수 있다. 앞에서도 말했듯이, 조정자는 분쟁을 어떤 식으로 해결하는 것이 최선이라는 개인적인 생각을 밝혀서는 안 된다. 하지만 양측이 나름대로 분쟁해법을 생각할 때 상대의 우려감을 고려하도록 조언해줄 수 있어야 한다. 또 교사로서의 조정자는 분쟁 당사자들이 우선순위를 결정하고 입장을 명백히 하는 데 도움을 줄 수 있어야 한다.

조정자는 양측의 협상 입지에 타격을 주지 않도록 조심해야 한다. 이미 지적했듯이 조정자는 제안할 수는 있어도 공식적인 충고를 해서는 안 된다. 또한 인간은 본질적으로 근시안적 존재여서 자신의 관점에서 세상을 파악한다는 사실도 잊어서는 안 된다. 다시 한 번 강조하건대 조정자는 "상대가 자신을 평가하는 대로 상대를 평가하도록 노력하라"는 협상의 십계명을 양측에 가르쳐줄 수 있어야 한다.

기업은 임금 인상이 결국에는 종업원에게도 이득이 되지

않는다고 주장한다. 임금 인상은 기업 운영에서 비용상승을 초래해 경쟁력을 떨어뜨리고, 그 결과 매출이 떨어져 궁극적으로 종업원을 해고시킬 수밖에 없다는 논리다. 이런 경제 논리를 확신하고 있는 기업 입장에서는 상반된 논리를 펴는 노동자나 노동조합의 주장이 놀라울 수밖에 없다.

하지만 노동자들의 생각은 다르다. 기업은 많은 돈을 벌고 있지만, 노동자들을 희생시켜 더 많은 돈을 벌고 회계장부까지 조작해 이익을 은닉하고 있다고 주장한다.

조정자는 개별적인 토론을 통해서 양측의 주장을 분석함으로써 적절한 역할을 해낼 수 있다. 물론 기업측에 "왜 더 많은 돈을 내놓지 않느냐?"라고 묻거나, 노동조합에 "왜 적은 액수로 합의보지 않느냐?"라고 물어서는 안 된다. 조정자의 역할은 그들 스스로가 그런 의문에 도달하도록 이끌어가는 것이다.

조정자가 노동조합과 기업의 재정 상태를 논의하고 기업의 손익계산서와 대차대조표를 분석하는 것은 바람직할 뿐 아니라 현명한 접근법이다. 조정자는 노동조합 간부들에게 기업에서 발표하는 재무보고서를 보았는지, 수치에 대해 어느 만큼 이해하고 있는지, 회계사에게 자문을 받을 생각은 있는지 등에 대해서 물어야 한다.

기업의 간부들에게는 임금 임상이나 처우개선에 대한 압박이 노동조합 내의 정치적 요인이라 생각하는지, 앞으로 있을 노동조합의 선거 때문이라 생각하는지, 분규가 노조 지도자들의 결정에 의해서 시작된 것인지 아니면 노조원의 요구에 부응해서 시작된 것인지, 소비자 물가지수의 상승이나 여타 기업과 비교되는 임금 수준 때문인지, 노동조합의 기본적인 이데올로기에서 비롯되는 것인지 등을 물어야 한다.

어떤 방법을 취하든간에 조정자는 쟁점이 결정되는 대로 토론의 장을 마련하는 데 적극성을 띠어야 한다. 내 경험에 따르면 이상하게도 상대의 술책이나 항변에 익숙한 경험 많은 협상가들과 상대할 대 조정자 역할을 하기가 더 어려웠다.

경험의 제약

뉴욕 출판업의 분규에서 조정자로 나섰을 때, 나는 두 노련한 협상가를 조정해서 노동조합의 숙원과도 같았던 쟁점을 해결했지만, 유일하게 남아 있던 임금문제까지 해결토록 하는 데는 실패하고 말았다. 문제의 두 협상가는 당시 국제인쇄노조 사무총장이었고 나중에 의장까지 되었던 엘머 브라운과 출판업자협의회 이사였던 돈 테일러였다.

우리는 화기애애한 대화로 몇 주일을 보냈지만, 두 협상가는 쟁점을 협의할 조짐을 전혀 보이지 않았다. 그들의 판단에 아직은 협상을 벌일 시기가 아니었던 것이다. 그래서 우리는 날씨, 야구, 정치를 주제로 한담을 나누었고, 함께 점심을 먹으면서 저녁 늦게까지 이야기를 나누는 것이 하루 일과였다. 나는 모른 척하며 때때로 임금문제를 화제에 올렸지만 그때마다 퇴박을 맞았다. 이 노련한 두 협상가에게는 "돈에 대해 말해봅시다. 우리가 궁극적으로 해결해야 할 쟁점이 아니겠소"라고 말하는 것은 결코 전략적으로 현명한 접근이 아니었던 것이다.

노련한 협상가들은 복잡미묘한 협상에 임할 때 협상을 진지하게 시작할 시간이 되었다는 판단이 설 때까지 말을 많이 하지 않는다. 또 상대방의 어투나 태도 등 조그만 변화까지 놓치지 않고 그런 변화를 재빨리 해석해낸다. 그들은 적절한 시간이 되었다고 생각할 때까지 해결되지 않는 쟁점을 건드리지 않는 한 어떤 농담에도 적대감을 보이지 않는다.

또한 노련한 협상가는 보따리를 풀어놓을 시간이 되지 않았다는 것을 드러내지 않고 말하는 방법을 터득하고 있다. 나는 당장이라도 협상을 시작할 듯이 "자, 슬슬 시작해서 이번 분쟁을 해결지어봅시다!"라고 말하는 협상가들을 자주 만났다. 하지만 그들의 대화를 주의깊게 들어보면, 결코 진지한 자세로 협상에 임하지 않고 있음을 금세 눈치챌 수 있다.

어떤 상황에서도 조정자는 양측이 전혀 다른 대답을 할 것이 뻔한 질문, 가령 "당신은 어디까지 양보할 겁니까?"라는 식으로 물어서는 안 된다. 협상 당사자가 시간이 되었다고 생각하기 전에는 결코 정직한 대답을 하지 않을 것이기 때문이다.

파업중인 한 신문사 발행인 집에서 순수하게 사교적인 모임이 있었다. 그때 한 손님이 발행인의 부인에게 남편이 파업을 어떤 선에서 마무리 지을 것이라 생각하냐고 물었다. 그녀는 적절한 질문이라고 생각했던지, 파티에 참석한 모든 사람 앞에서 남편에게 대답을 재촉했다. 그때 신문사 발행인은 "당신은 16살에 내게 시집와서, 그 이후로 머리는 전혀 나이를 먹지 않은 것 같소!"라고 대답했다. 그리고 아내에게 얼굴을 돌리며 빠른 어조로 물었다.

"당신에게 그렇게 물었던 간첩이 누구요?"

흥겨웠던 파티는 그 즉시 파장이 되고 말았다. 신문사 발행인과 그 부인이 그날 밤에 어떤 이야기를 나눴는지는 모르지만, 어쨌든 죽음이 그들을 갈라놓을 때까지 두 사람은 행복하게 살았다고 한다.

현찰과 명예 : 어떻게 나눠가질 것인가

보수를 받기로 한 경우 조정자는 약속된 보수를 받는 것 이외에도, 분쟁을 해결함으로써 명예라는 보상을 덤으로 얻게 된다. 이때 조정자는 양측의 협상 대표에게 그 명예를 돌리는 것이 현명하고, 또 반드시 필요한 일이다.

또 하나 조정자가 항상 경심해야 할 것은 협상가는 언제나 자신의 주장이 옳다고 믿는 경향이 있다는 점이다. 그러나 조정자는 양측 중 누가 옳든 협상의 성과는 협상 결과로 얻어진다는 사실을 협상가들에게 조심스레 일러줄 필요가 있다. 언젠가 경험 많은 홍보 전문가가 "자네가 현찰을 원할 경우 명예를 양보하게"라고 나에게 말한 적이 있었다. 간단히 말해서, 상대가 협상에서 명성을 얻도록 양보하면

원하는 것을 얻을 수 있다는 뜻이다.

궁극적인 목표 : 윈-윈 해법

완벽한 결과는 양측 모두가 원하는 것을 전부 얻어내는 것
이다. 이런 협상은 일반인이 생각하는 것보다 훨씬 많다.
그러나 이런 결과를 얻어 내려면, 양측이 필요로 하는 것을
더욱 정확히 이해하면서 요구사항을 재조정할 수 있어야
한다. 우리는 이런 결과를 '윈-윈 해법'이라 부른다.

조정자는 양측이 자신에게 필요한 것뿐만 아니라 상대에
게 필요한 것까지 객관적으로 분석하는 데 도움을 줌으로
써 이런 성과를 거둘 수 있다.

역할 4 : 연결고리로서의 조정자

조정자는 무엇보다 연결고리, 즉 분쟁 당사자들을 이어주
는 끈이 되어야 한다. 서로 마주 앉아 직접 대화를 나누는
것보다 조정자를 통한 커뮤니케이션이 분쟁 당사자에게는
한결 편하게 느껴질 수 있다. 협상이 교착 상태에 빠지게
되면 협상을 다시 시작한다는 것은 보통 어려운 일이 아니
다. 양측 모두가 양보의 전주곡이나 허약함을 보이는 증거
로 오해받을까 두려워 앞장서기를 꺼리기 때문이다.

상대가 수정안을 제시하면서 양보할 수 있다는 신호를 조
정자에게 보낼 때, 조정자는 상당한 역할을 해낼 수 있다.

1964년 거의 5년 이상을 실랑이하고 있던 철도 분쟁의
조정자로 존슨 대통령의 부름을 받아 조지 W. 테일러 박사

와 내가 대화를 시작했을 때, 523개 노선과 다섯 개의 노동조합이 제각기 다른 목소리를 내고 있었다. 노동조합이 한 노선을 파업하고, 철도회사들이 523개 노선 전체의 직원들을 해고하겠다고 위협한 직후, 대통령이 직권으로 선언한 보름간의 휴지기 동안 우리가 조정자로 지명된 것이었다.

일촉즉발의 위험한 쟁점들이 많았지만, 철도회사들이 주장했던 요구가 일방적으로 알려지면서 노동조합을 크게 자극했던 것이다. 철도회사는 기관사가 객차를 100마일(약 160킬로미터)이나 화물열차를 150마일 운행할 경우 종일 근무로 급여를 계산하기로 수년 전에 합의했던 마일리지법을 손질해야 한다고 주장했다. 마일리지법이 체결된 당시보다 열차가 하루 동안 운행하는 거리가 대폭 늘어났기 때문에, 그런 상황을 고려해서 마일리지법이 수정되어야 한다는 것이다. 철도회사의 주장은 적어도 외면상으로 타당하게 여겨졌다.

우리가 개입해서 조정을 시작했을 때, 당시 노동조합 사무차장이던 제임스 레이놀즈는 철도회사측을 대리한 교활한 협상가 제임스 올프가 작은 승리를 거두었지만 겨우 1마일을 추가한 것에 불과하다고 내게 말해주었다. 그러나 나는 레이놀즈에게 "아무리 작은 변화라도 계획 전체의 수정을 요구하는 법"이라 대답했다. 다시 말해서, 철도 종사원들이 연공서열로 노동 장소와 노동 시각을 선택하는 그들의 신성한 권리, 즉 '운행 선택권'까지 전반적으로 수정될 것이란 뜻이었다.

덧붙여서 나는 "철도회사가 마일리지법을 고수한다면, 그것은 국가적 위기 상황을 초래하게 될 파업을 막기 위해서 스스로 해결점을 찾기보다는 의회를 설득해서 강제적인 중재를 요청하려는 전략일 수 있다"고 말했다.

그 후 곧바로 레이놀즈는 올프와 그의 참모들을 개인적으로 만난 뒤, 철도회사들이 수정안 포기를 받아들이지 않았다고 내게 알려주었다.

양측이 본능적으로 거부할지도 모를 예상 밖의 진전으로 모두에 충격을 안겨주는 것은 결코 바람직한 방법이 아니기 때문에, 테일러와 나는 철도회사측에 그들의 수정안을 포기하는 데 합의하라고 곧바로 요구할 수는 없었다. 대신, 우리가 철도회사를 설득해서 수정안을 포기하도록 할 때 노동조합이 그 대가로 양보할 수 있는 것이 무엇이냐고 물었다.

예상대로 그들의 반응은 부정적이었다. 우리가 철도회사의 양보를 끌어낼 수 있을 것이라 확신하지 못한 때문이었다. 하지만 노동조합이 의미심장한 반응을 보인다는 어떤 증거도 없다면 협상 자체가 불가능할 수도 있다고 말했을 때, 노동조합도 철도회사의 양보에 상응하는 양보를 하겠다고 우리에게 확언해주었다.

철도회사가 수정안을 포기하도록 우리가 노력하고 있다는 사실을 분명히 보여주기 위해서, 우리는 철도회사의 결정을 노동조합에 전달하는 데 적절한 시간 폭을 두었다. 노동조합도 틀림없이 전략적인 이유로 즉각적인 응답은 없었다. 그러나 그들은 언제나 응답해왔고, 그 응답은 긍정적인 것이었다. 그때 나는 그 분쟁이 틀림없이 해결될 것이라 확신할 수 있었다. 실제로 대통령이 우리에게 허락했던 보름이 채 지나지 않아 분쟁은 해결되었다.

메시지의 전달 : 조심, 또 조심

조정자는 메시지를 전달할 때 커다란 위험을 짊어지게 된다. 조심하지 않는다면 한쪽에서 상대에게 보내는 거짓된 정보를 본의 아니게 전달할 수 있기 때문이다. 그럴 경우 양측의 상대적인 협상 입지에 변화를 주어 분쟁을 해결하기가 더욱 어려워질 수 있다.

조정자는 전달할 내용을 확실히 알고 있어야 한다. 의사소통의 핵심과 분위기까지도 정확하게 전달하기 위해서 조정자는 메시지를 전달하는 쪽이 상대에게 전하려는 내용을 함께 재점검하는 절차를 가져야 한다. 또한 조정자는 협상가가 조정자를 통해 상대에게 그들의 제안을 전달할 때 자신들에게 유리한 쪽으로 전하도록 조정자를 설득하려 한다는 사실도 염두에 두어야 한다. 한쪽과 회담을 하고 돌아오면 조정자는 상대편에게 어떤 말이 오갔는지 반드시 질문을 받기 마련이다. 양측 모두 자신들의 주장에 상대가 어떻게 반응했는지 조정자를 통해 짐작해보려 한다.

양측은 상대의 협상 입지에서 약점을 드러낼 만한 정보를 끊임없이 찾는다. 그렇기 때문에 조정자는 제안과 역제안을 전달할 때 양측의 협상 입지를 가감할 수 있는 느낌까지도 전달할 수 있다는 사실을 잊어서는 안 된다. 또한 협상가들이 상대의 협상 입지 변화, 특히 약점을 암시하는 제안이나 어투 등의 미묘한 변화에도 민감하게 반응한다는 사실을 기억해야 한다.

특히 조정자는 양측과 대외비로 하기로 약속했던 사항은 반드시 지켜주어야 한다. 조정자는 비밀을 지킬 것을 전제로 주어진 정보를 발설해서는 안 될 뿐 아니라, 분쟁 당사자들의 협상 입지에 변화를 줄 수 있는 정보라면 대외비로 약속하지 않았더라도 누설해서는 안 된다.

역할 5 : 개혁가로서의 조정자

협상이 교착 상태에 빠질 때, 협상 당사자들은 상대에게 허약하게 비춰질지도 모른다는 생각에 분쟁 쟁점에 대한 새로운 접근법을 먼저 제안하기를 꺼린다. 따라서 대화를 계속하도록 주선하고, 쟁점에 접근해서 해결을 모색해줄 새로운 방법을 찾는 책임은 전적으로 조정자에게 달려 있다. 그러나 조정자는 양측 모두에게 어떤 조언을 요청받지 않는 한 그렇게 하는 것을 피해야 하는데, 그러한 처지에서 어떻게 개혁자가 될 수 있을까?

어떤 형식을 갖추는 '조언'을 하는 것과 주제넘게 나서지 않으면서 '제안'하는 것은 확연히 다르다. 제안이란, 조정자가 협상 당사자들에게 분쟁을 어떤 식으로 해결하라고 말하는 것이 아니다. 또한 양측 모두와 함께 하는 자리에서는 어떤 제안도 해서는 안 된다. 제안은 한쪽과 개별적으로 만날 경우에만 하는 것이다.

조정자는 "내게 한 가지 생각이 있습니다. 이번 분쟁에 도움이 될는지는 모르지만 이런 식으로 접근하면 어떨까요?"라고 말하는 식으로 은근히 제안할 수 있다.

그때 "그만 두시오. 논외의 문제요"라고 거절당할 수도 있지만, "괜찮은 방법 같군요. 그 방법을 한번 논의해봅시다"라는 반응을 얻을 수도 있다.

전자의 경우라면 조정자는 입을 다물면 그만일 것이고, 협상 당사자도 마음에 상처를 입지 않을 것이다. 후자의 경우라면 활발한 논의를 시작할 수 있을 것이다.

그러나 조정자가 양측 모두를 불러놓고 "내게 한 가지 생각이 있소. 왜 이러이러한 방법을 적용하지 않는 거요?"라고 말한다면, 어느 한쪽을 화나게 만들 수도 있다.

어떤 상황이든 조정자는 양측 모두가 모인 자리에서 전략적으로 어느 한쪽에 유리한 질문을 해서는 안 된다. 따라서 양측이 첨예하게 대립할지도 모를 중요한 제안을 할 경우, 조정자는 한쪽과 개별적으로 대화하는 시간을 마련해서 그런 제안을 해야 한다. 앞에서도 지적했듯이 조정자는 어떤 조언을 요청받을 때에도 수락하기 전에 신중히 생각할 필요가 있다. 가령 한쪽은 그의 조언을 수용하지만 다른 한쪽은 거부할 경우, 조정자로서의 입지가 심각하게 훼손당할 수 있기 때문이다.

양측 모두가 내심으로는 조정자에게 조언을 요청하고 싶지만 전략적인 이유로 그렇게 요청하기 어려운 경우가 있다. 이런 문제를 처리하기 위해 공식적으로 양측 어디에도 속하지 않는 명망 있는 인사를 물색해서 조정자에게 조언하도록 부탁하는 것도 하나의 방법이다.

조정자의 판단에 양측 모두가 그의 조언을 수용할 준비가 되어 있으면, 조정자는 협상 당사자들에게 직접 조언해야 한다. 또한 양측의 사전허락 없이는 어떤 조언을 했는지 언론에 절대 알려서는 안 된다. 조정자가 바람직한 결정이라며 조언한 내용이 언론에 알려질 경우 장래의 협상에서 그의 역할에 치명적인 영향을 미칠 수도 있기 때문이다.

쌍방의 수용 : 조언의 목적

조언을 할 경우 조정자는 양측 모두가 수용할 가능성이 있는 방향을 제시해야만 한다. 따라서 그 조언이 공정한 관점에서 반드시 옳은 것일 필요는 없다.

양측 모두가 그의 조언을 수용할 때에만 조정자는 성공한 것이다. 한쪽은 수락하는데 한쪽은 거부할 경우, 조정자와 분쟁은 난감한 처지에 빠지고 만다. 오히려 양측 모두가 거부하는 편이 차선(次善)일 수 있다.

영업직과 사무직 직원 그리고 기자까지 참여한 화이트칼라 노동조합인 언론인노조와 《뉴욕 타임스》의 분규가 차선의 원칙을 극명하게 설명해준다. 내가 조정자로 관여했던 이 분쟁에서 쟁점 가운데 하나는 노동조합의 유니온 숍(노동자는 취직 후 일정 기간 내에 반드시 노동조합에 가입하는 것을 조건으로 한다는 고용자와 노동조합의 노동 협

정이 있는 사업스-옮긴이)에 대한 요구를 《뉴욕 타임스》
가 거부한 것이었다. 《뉴욕 타임스》는 기자들이 강제적으
로 노동조합에 가입할 경우 그들의 객관성과 공평성이 침
해받을 것이라는 이유로 노동조합의 요구를 거부했다.

조정자로 나선 나는 와그너 수정법안이 조합원에게 강
요하는 의무조항은 조합비 납부이므로 기자가 노동조합에
가입하더라도 객관성을 잃지 않을 것이라 생각했다. 이는
정치와 비교해볼 수 있다. 당원의 경우 그가 지지하는 후
보가 선거에서 피했다고 세금 납부마저 거부할 수는 없는
노릇이 아닌가! 이와 마찬가지로 배타적으로 협상권을 위
임받은 노동조합은 조합원의 개인적인 판단과 상관없이
협상장에서 모든 직원을 대표할 의무가 법적으로 주어진
단체이다.

와그너 시장이 분쟁의 공정한 해결을 위한 내 개인적인
의견을 물었고, 양측 모두가 동의했던 까닭에 나는 기꺼이
그 역할을 맡았다. 조언할 내용을 작성하면서, 나는 《뉴욕
타임스》가 유니온 숍을 거부하는 이유를 나름대로 결론지
을 수 있었다. 《뉴욕 타임스》는 유니언 숍을 허락할 경우
전국 다른 주요 신문사들과 경쟁에서 탈락할 것을 우려하
고 있었다. 반면에, 언론인노조는 조합원을 위해 내세운 다
른 혜택들이 일괄 타결된다면 유니온 숍을 포기할 가능성
이 있어 보였다.

나는 유니옵 숍이 기자의 객관성에 어떤 영향도 미치지
않을 것이라는 개인적인 판단에도 불구하고 유니온 숍을

반대하는 조언을 내놓기로 결심했다. 예상했던 대로, 언론인노조는 나를 대신해서 와그너 시장이 언론에 발표한 내 조언을 거부했고 《뉴욕 타임스》는 아무런 반응을 보이지 않았다.

나는 워싱턴에 가려고 공항으로 가던 중, 라디오로 그 소식을 들었다. 나는 가까운 공중전화로 달려가 《뉴욕 타임스》의 협상 대표를 찾았다. 나는 그에게 이렇게 말했다.

"당신의 침묵이 무엇을 뜻하는지 분명히 알고 있습니다. 결국 내 조언을 수락한다는 뜻이 아닙니까?"

그는 당황한 기운이 역력한 목소리로 물었다.

"그런데 잘못된 것이 있습니까?"

나는 언론인노조가 거부하는 것을 《뉴욕 타임스》가 수용한다면 분쟁이 결코 해결되지 않을 것이라고 대답해주었다. 그가 물었다.

"하지만 우리 마음에 드는 당신 조언을 대체 어떤 식으로 거부하란 말씀입니까?"

내가 대답했다.

"당신도 내 조언을 거부하는 것처럼 어떤 말이라도 하십시오. 내 조언이 당신의 예상을 훨씬 넘어선 것이라고 말하십시오."

그리고 10분 후, 나는 공항에서 《뉴욕 타임스》의 입장을 들을 수 있었다. 내 조언이 그들의 예상을 훨씬 넘어선 것이어서 내 조언을 거부한다는 소식이었다. 다음날 와그너 시장은 양측을 시청에 불렀고, 그곳에서 양측은 내 조언을 수용하며 분쟁을 끝낼 수 있었다.

갈등에서 합의점을 찾아라

협상이 중단되지만 않는다면 아무리 첨예한 대립일지라도 창의적인 해결점을 찾아갈 수 있다. 분쟁해결은 간단할 수도 있고, 복잡할 수도 있다. 어떤 경우든 조정자가 협상을 계속해서 끌어갈 수 있다면, 어떤 갈등에서도 합의점은 찾아지는 법이다.

2차대전이 한창이던 때 미국 자동차노동조합연합회는 주요 군수품 공장이던 올린 케미칼 코퍼레이션의 한 공장에서 파업을 단행하겠다고 위협했다. 국방성은 당황할 수밖에 없었다. 조합원 투표로 노동조합이 협상 대표권을 얻었지만, 기업측은 그 결과에 이의를 제기하고 나섰다. 수많은 불만들이 터져나왔고, 노동조합은 이의 제기 결과를 기다리는 동안이라도 기업 경영진과 노동조합이 합심해서 불만의 씨앗을 해소할 방법을 모색하자고 주장했다.

협상이 끝나갈 즈음 노동조합은 기업측에 '불만에 싸인' 노동조합을 인정하라고 제안했다. 물론 기업측은 단호히 거절했다.

나는 십여 차례 전화를 시도하면서, 노동조합과 기업측에 전시노사관계위원회가 불만에 싸인 노동조합을 인정하는 것으로 하자고 제안했다. 노동조합은 내 제안에 동의했다. 또한 내 제안이 기업측에 노동조합을 인정하라는 것이 아니었으므로 기업에게도 만족스런 것이었다. 양측 모두가 불만의 원인이 밖으로 표출된다는 점에서 반가워했다. 노동자, 경영자, 정부 인사로 구성된 3자위원회는 불만에 싸인 노동조합을 인정한다는 만장일치의 결론을 내렸고, 그 덕분에 파업을 막을 수 있었다.

1959년 제약품 소매업연맹 1199지역이 뉴욕에 위치한 비영리 자선병원 여섯 곳을 상대로 벌였던 열흘간의 파업은 병원측이 3000여 명의 비전문 병원종사자를 대리한 노동조합을 협상 대리인으로 인정하지 않은 데서 비롯되었다. 그때, 나는 연방노사관계법에서 규정한 것처럼 그 경우에는 '인정'이란 단어가 부적절하다고 지적했다. 왜냐하면 당시 비영리 병원은 연방노사관계법에 구속받지 않았기 때문이다. 따라서 나는 양측에 인정이란 문제를 거론치 말고, 쟁의 악화 방지책을 공식적으로 정착시켜줄 일종의 협약서를 작성하자고 제안했다. 양측은 내 제안을 받아들였고, 그것으로 파업은 끝날 수 있었다.

뉴욕시의 신문을 휴간시켰던 1962~63년 신문사 노동조합의 파업에서 내가 조정자로 일할 때 국제인쇄노조 위원장에게서 한 통의 긴급한 전화를 받았다. 한 지부에서 파업을 일으켰는데 당장 그 파업을 해결해야겠다는 것이었다. 당시 인쇄노조 조합원들은 지부 조합원들을 지원하기 위해 전국적으로 1주일에 10달러씩 모금까지 벌이면서, 위원장에게 파업을 해결하라고 압력을 가하고 있었다. 우리는 와그너 시장을 앞세워 협상을 주도면밀하게 진행시키면서, 내가 초안을 작성하고 국제인쇄노조 위원장과 신문 발행인이 합의해준 조언을 제시하도록 했다.

하지만 그 지역 노동조합 간부, 신문 발행인, 뉴욕시노동조합연맹의 산하조직 위원장까지 수용했던 내 조언을 지역 노조원들은 거부했다. 그들은 정규 임금에 버금가는 파업 수당을 받고 있었기 때문에 구태여 파업을 중단할 이유가 없었던 것이다. 그러나 그 지역 노동조합원만이 아니라, 그들이 받고 있던 파업 수당을 만드는 데 일조하고 있던 노조원들까지 참여해서 뉴욕시 자동투표 계산기로 비밀 투표로 실시된 2차 투표에서는 파업을 해제하는 것으로 결과가 나왔다.

1974년 내가 조정자로 참석했던 언론 분규의 협상장에서 도출된 창의적인 해결책은 이후의 분쟁해결에 광범위한 영향을 미쳤다. 당시 쟁점은 발행인들이 자동장비를 사용할 권리에 대한 것이었다. 자동장비의 수용은 노동조합의 입장에서 많은 일자리의 상실을 의미하는 것이었기 때문에 뜨거운 논쟁거리였다.

협상이 한창 진행중이던 때 노동조합 위원장이던 버트램 파워즈가 발행인들에게 물었다.

"자동장비를 허용하는 대신 저희에게 어떤 선물을 주시겠습니까?"

거의 한 세기 동안 단체교섭에서 쟁점이 되었던 생산성에 대한 노동조합의 굴레를 벗겨달라는 뜻이었다. 발행인들은 직원명부에 기록된 식자공(植字工)에게 평생 고용을 보장하겠다고 대답했다. 인력 감축은 자연 감소에 따른다

는 것이었다. 그 결과 식자공노동조합의 인원수는 1974년
에 6000명이던 것이 1999년에는 400명으로 감소했지만,
생산성은 기하급수적으로 증가했다.

비슷한 분쟁이 19세기에서 20세기로 전환되던 시기에도
있었다. 라이노타이프(그 기계를 주도적으로 생산했던 기
업의 제품 이름)라는 이름으로 알려진 기계가 발명되면서
식자의 수작업을 대체했고, 활자를 식자하는 이 방법은 컴
퓨터 혁명이 있을 때까지 계속해서 사용되었다. 거의 3년
을 끌었던 《뉴욕 선》의 파업은 발행인에게 라이노타이프를
사용하도록 허락하는 것으로 종결되었지만, 그 대가로 종
업원들은 하루 8시간 노동이란 선물을 받게 되었다.

1974년 분쟁에서 파워즈는 노동시간의 단축을 주장하기
도 했다. 그러나 발행인들은 식자공에게 노동시간의 단축
을 허용할 경우 다른 9개 노동조합 조합원들에게도 노동시
간을 단축해줘야 하는 문제가 있었다. 말하자면 여러 노동
조합, 여러 기업이 연루된 협상에서 자주 발생하는 '일심동
체론'이 문제였던 것이다.

노동시간의 단축에 대해서 발행인들은 완강히 반대했다.
양보할 경우 다른 9개 노동조합에도 당장에 영향을 미칠
것이 뻔했기 때문이었다. 최종적으로 발행인들은 자동화에
합의해주는 조건의 하나로 1주일간의 추가 휴가를 제안했
다. 새로울 것이 없는 양보였다. 노동조합은 그 제안을 거
부했다. 양측은 휴가에 대해서 11년간 장기계약에 합의했
고, 그로부터 2년밖에 지나지 않아 아직 9년이나 유효한 상

태였다. 그래서 나는 발행인들에게 제안의 재조정을 권했다. 계약이 만료될 때까지 식자공에게 연간 9주의 유급휴가를 허락하자는 것이었다. 양측은 내 제안에 합의했다.

1968년 뉴욕시의 운송국과 그 부서에 소속된 노동자가 연금권을 두고 벌였던 협상도 혁신적인 접근을 위한 좋은 기회였다. 노동조합은 20년 근속 후에 퇴직하는 직원에게 당연히 연금권이 부여되어야 한다고 주장했다. 게다가 위생국 직원들은 이미 그런 권리를 누리고 있었기 때문에 노동조합은 조합원의 거센 압력에 견딜 수가 없었다. 똑같은 사용자 밑에서 일하는데, 다른 부서의 직원만이 특별히 그런 권리를 누릴 수는 없다는 것이었다.

그러나 숙련된 직원을 모집해서 붙들어두는 데 여념이 없던 운송국은 연령에 관계없이 20년 근속자에게 연금권을 허용할 경우 지나치게 이른 나이에 퇴직하는 직원이 생길지도 모른다는 우려에서 노동조합의 요구에 선뜻 응할 수가 없었다. 근무 연수의 감축으로 숙련된 직원들 다수가 일자리를 떠날 경우 그들을 대체할 인력을 구하기가 어려웠던 것이다. 결국 연금 비용보다는 대체인력의 수급이 운송국에게 더 큰 걱정거리였다. 따라서 이 문제가 분쟁의 뜨거운 쟁점이 되었고, 쉽게 해결하기 힘든 장애물로 여겨졌다.

뉴욕주 조정위원회 의장이던 빈센트 맥도넬, 운송국의 전(前) 국장 조셉 E. 오그래디, 노동조합에서 추천한 인사, 그리고 나로 구성된 조정자위원회는 쟁점을 재조정하기로 했다.

운송국 직원의 퇴직 연령은 당시 55세였다. 따라서 20년 근속 후 그 나이에 퇴직하는 운송국 직원이 위생국 직원만큼의 연금을 받을 자격이 있다는 노동조합의 주장을 반박하기는 어려웠다. 또한 위생국 직원이 육체적 부담이나 위험성이 높은 일에 종사하기는 하지만, 은퇴 후에 필요한 생활비는 운송국 직원도 크게 다를 바가 없었다.

따라서 운송국 직원이 위생국 직원만큼의 혜택을 보장받게 되면, 20세에 근무를 시작할 경우 40세에 퇴직해서 연금을 수령할 수 있느냐는 문제로 쟁점이 축소될 것이라는 사실을 우리는 노동조합에 지적했다. 노동조합으로서도 솔직히 그렇게까지 주장하는 것은 사회적으로 정당화될 수 없었기 때문에 그것을 쟁점으로 파업을 실행하기에는 어려움이 있었다.

노동조합은 그런 조기퇴직 허용을 인정해 달라는 주장이 논리적으로 미약하다는 사실을 인정할 수밖에 없었다. 실제로 조기 퇴직자가 일을 그만 두기는커녕 새로운 일자리를 찾을 가능성이 훨씬 높았기 때문이다. 연금 수령액을 계속해서 늘여갈 수 있는데 운송국에서 퇴직할 이유가 없었다. 그럼에도 불구하고 위생국 직원의 사례는 운송국 직원의 경쟁심을 부추기는 걸림돌로 작용했다.

애초 노동조합은 최소 퇴직연령을 45세로 하자는 주장을 굽히지 않았지만, 퇴직연령을 50세로 하더라도 소수만이 영향을 받을 것이라는 통계자료를 확인하고서는 퇴직연령을 50세로 하는 것에 최종적으로 합의했다.

운송국으로서도 노동자가 50세에 새 직장을 구할 가능성은 거의 없었기 때문에 50세로의 퇴직연령 축소가 그다지 위험스럽게 여겨지지는 않았다. 결국 새 직장에서는 연금이라는 혜택을 기대할 수 없을 것이기 때문에 운송국에 계속 남아 연금 수령액을 높이는 편을 택할 것이라는 판단이었다.

물론 핵심 쟁점들을 근본적 차이로 축소시키려는 비슷한 시도가 항상 성공하는 것은 아니지만, 조정자는 항상 원칙의 차원에서 분쟁을 끌어내어 실리성을 추구하는 방법을 모색해야 한다. 다른 인간관계에서와 마찬가지로 노사관계에서도 쌍방은 원칙의 문제에서는 커다란 위험도 기꺼이 감수하려 하지만, 쟁점이 단순히 돈 문제로 귀결될 때에는 훨씬 유화적인 모습을 보인다.

나는 쟁점들을 명혹히 규정한 후에도 습관적으로 각 쟁점마다 가격표를 붙인다. 만약 조정자가 파업의 쟁점을 소수의 인물이나 돈 문제로 좁힐 수 있다면 상당히 유리한 입장에 서게 된다. 한편 분쟁 당사자들만이 아니라 조정자도 쟁점마다 누가 손해를 보고, 노동조합과 사용자가 어떻게 반응할 것인지 예측해 보는 것이 필요하다.

연령이 높은 선배 직원이 신입 직원에 비해서 노동조합과 사용자로부터 더 많은 관심을 받는 것은 당연한 일이다. 급여수준의 단계, 단계별 편차, 그리고 최고 연봉이 초봉보다 훨씬 중요한 것일 수 있다. 그러나 기업주의 입장에서는 새 직원 유인책을 고려하지 않을 수 없기 때문에 초봉을 인상하고 싶어한다.

타이밍과 인내 : 조정자에게 반드시 필요한 자질

인내는 조정자에게 반드시 필요한 자질이다. 그래서 시계
는 조정자를 조정하는 파일럿이다. 시계는 조정자에게 방
향을 전환할 때를 알려준다. 최종적인 결정을 내려야 할 때
가 있는가 하면, 아무것도 성취하지 못하는 때도 있는 법이
다. 파국의 시간, 즉 어떤 결정도 없는 것이 최종결정이 되
는 단계에 이르기 전까지 쌍방에게 변화를 요구하기란 사
실 어렵다. 또한 파국의 상황에서는 조정자가 양측을 계속
해서 붙잡아두는 경우가 비일비재하다. 말하자면 24시간
강행군이 계속된다는 뜻이다. 간단한 쟁점을 해결하는 데
는 피로감이 몰려드는 이른 아침 시간이 적절할 수 있다.
그러나 복잡한 쟁점이 문제가 될 경우 이른 아침 시간은 적
절하지 못하다.

어떤 협상이나 마찬가지듯이 단체교섭에서도 의사결정
이 있어야 한다. 의사결정이 때로는 미루어지는 경우가 있
는데 그것은 잘못된 결정을 내리게 될지도 모른다는 두려
움에서 비롯된다. 그러나 최종적인 결정 이외에 다른 문제
는 해결될 수밖에 없기 때문에, 결국에는 결정을 미룬 사안
도 결정이 되는 때가 필연적으로 오기 마련이다. 이처럼 가
부간의 확답을 차일피일 미룸으로써 상대가 현상(現狀)을
타파할 행동의 빌미를 제공하는 때가 단체교섭에서는 자주
일어난다. 파업과 직장폐쇄가 전형적인 예이다.

시계에서 눈을 떼지 마라

분쟁 당사자는 파국의 때가 다가오는 것을 분명히 인지하고 있지만, 그런 때가 닥쳐오는 것을 두려워하지 않는 것처럼 보이려 한다. 따라서 조정자는 그런 시간표에서 잠시도 눈을 떼서는 안 된다. 양측에 최대한 압력을 가할 시간이 가까워졌을 때, 조정자는 양측이 언제 만나고 언제 헤어지며 언제까지 회의를 계속할 것인지 결정해야 한다.

아무런 해결점도 찾지 못한 채 시한을 넘기고 파업이 시작되면, 양측의 입장은 어쩔 수 없이 고달파지기 마련이다. 양측은 피로감에 허덕이고, 사면초가라는 기분에 휩싸이게 된다. 이러한 상황에서 조정자는 본격적으로 토의를 다시 시작하기 전에 상대가 어느 정도로 타격을 입었는지 살펴볼 수도 있다.

일단 파업이 시작되고 나면 조정자가 아무리 노력해도 효과가 없을 수 있다. 그런 반면 파국의 시간은 분쟁을 해결할 최적의 시간이기도 하기 때문에 조정자는 의사 결정을 서두르는 데 도움을 줄 수 있는 최종시한을 잠시도 잊어서는 안 된다.

1965년 언론분쟁에서 양측은 쟁점 자체를 좀처럼 협상하려 하지 않았다. 그때 나는 교황이 뉴욕을 방문하기로 여정된 날을 파국의 날로 삼을 작정이었다. 나는 분쟁 당사자들에게 그 역사적인 사건을 위해 뉴욕시에서 신문이 발행되어야 할 이유를 역설했다. 내 호소가 설득력이 있었던지, 그날부터 양측은 실질적인 협상에 돌입해서 교황이 방문하기 하루 전 날 가까스로 합의점을 찾을 수 있었다. 그러나 나는 신문사와 노동조합에 쟁점의 중요성을 충분히 알려주지 못했다. 그런 실수로 교황 방문날 신문은 휴간되었고, 교황이 떠난 후에도 오랫동안 신문은 발간되지 못했다. 결국 양측에 가해진 내부의 압력으로 분쟁은 끝이 났다.

파업의 위협이나 새로운 고용조건의 일방적 강요는 의사결정을 앞당기는 실질적인 동기가 될 수 있다. 그렇기 때문에 조정자가 파업의 최종시한을 연기하자고 왈가왈부하는 것은 현명한 짓이 아니다. 왜냐하면 최종시한은 협상 당사자들에게 조만간 합의에 이르러야 한다는 절박감을 심어주는 파괴적 위협수단이기 때문이다. 결정을 내릴 시기가 다가올 때, 결정을 끌어낼 요인은 최종시한이다. 그러나 합의가 거의 끝난 것처럼 보일 때에는 최종시한을 약간 연기하자고 제안할 수도 있다.

1967년 뉴욕시와 운송직노동조합의 협상은 원계약이 만료되는 1968년 1월 1일 오전 5시까지 합의에 이르지 못했다. 최종시한 직전에 노동조합은 협상의 진척 상황을 알리지 않은 채 3시간 동안 파업을 연기했다. 협상 테이블은 한동안 팽팽한 긴장감이 감돌았고, 합의에 이르러야 한다는 절박감이 협상장을 짓눌렀다. 파업 연기가 발표되자 긴장감은 자연스레 가라앉았고 결국에는 아무것도 합의해낼 수 없었다. 그러나 새로운 최종시한이 닥쳐오자 협상 테이블은 다시 절박감에 휩싸였으며, 결국 양측은 합의에 도달할 수 있었다.

단체협상에서의 의사결정

단체협상장에서 협상 대표들은 다양한 문제에 대해 최종적인 결정을 내려야 한다. 조정자는 양측 모두에게 도움을 줄 수 있지만, 양측이 직면하고 있는 문제를 정확히 꿰뚫어 보아야만 한다.

가령 노사분쟁의 경우 집단의 지도자와 집단의 관계라는 문제에서, 사용자가 직면하는 문제는 노동조합이 부딪히는 문제와 상당히 다르다. 가령, 사용자 대표들은 궁극적인 주인인 주주(株主)와 상의할 필요가 없다. 그러나 사용자 연합회의 경우는 때때로 의견이 충돌하기도 한다. 그러나 노동조합은 다르다. 조합의 주인은 조합원들이다. 그들에게는 협상 테이블에서 합의한 이후에 의견을 묻는 것이 보통이지만, 대개의 경우 합의한 내용을 가지고 조합원의 동의를 구해야만 한다.

조정자는 분쟁 당사자들이 갖는 내부적 문제에 주제넘게 나서지 않으면서 두 분쟁 당사자간의 차이를 파악할 수 있어야 한다. 또한 조정자는 협상위원회의 내부 알력에도 주의를 기울여야 한다. 그런 알력은 표면적으로 드러나지 않더라도 분쟁의 만족스런 해결에 걸림돌이 될 수 있다.

임금 분쟁에서 사용자는 임금 총액을 제시하면서 그 분배를 노동조합에 떠맡길 수 있다. 이럴 경우 조정자는 노동조합의 지도자들이 조합 내의 여러 파벌과 상대하면서 겪어야 할 문제들을 예측해야만 한다. 이 문제를 노동조합 지도자에게 전적으로 떠맡기는 것이 현명하지만 때로는 무책

임한 것일 수도 있다. 대개의 경우 조정자는 사용자를 참석시켜 할당법을 논의할 수 있다.

집단의 승인이 필요한 합의

단체협상에서 체결된 합의안은 구성원의 동의 절차를 거치는 것이 보통이다. 노사협상의 경우는 대개 이런 절차를 거친다. 그러나 노동조합의 구성원들은 협상 과정에 직접 참여하지 않기 때문에 노동조합 지도자들은 그 합의안을 설명하는 데 어려운 문제에 부딪힐 수 있다. 따라서 그들이 대표권을 효율적으로 행사해서 가능한 최대의 이익을 거두었다는 사실을 설득시킬 수 있어야 한다.

협상 테이블에서 궁극적으로 구성원의 동의를 얻어야 한다는 조건으로 합의를 맺더라도 협상가들은 그 협상안이 통과되도록 독려하고, 협상 테이블에 참석하지 않은 실제 주역들이 협상안의 조건들을 적절한 것이라 판단하도록 확인해주는 도덕적 의무를 갖는다. 지도자가 확신을 심어주지 못하고 단순히 메신저 역할에 머문다면, 합의안이 부결될 가능성은 한층 높아진다.

잠정적인 합의 결과를 노조원에게 보고하려면 양측의 협조가 필요한데, 이때 조정자는 중요한 역할을 해낼 수 있다. 1998년 아일랜드의 신교도와 구교도 간의 분쟁, 중동의 팔레스타인과 이스라엘 간의 분쟁에서 협상가들은 잠정적인 합의를 맺었지만, 실제 주역들이 그 합의안을 비준하도록 설득하는 데 난관이 많았다.

적요(摘要)

협상이 교착 상태에 빠져들 경우 합의에 이를 수 있도록 분
쟁 당사자들을 지원하는 것이 조정자의 임무이다. 그러나
조정자는 분쟁 당사자들이 서로 합의하도록 도움을 주는
것으로 그쳐야지, 그들이 이르러야 할 합의에 대한 개인적
인 생각을 제시해서는 안 된다. 요컨대 조정자는 양측이 독
자적으로 협상할 때 기대하는 성과 이상의 결과를 만들어
낼 생각으로 협상 과정에 간섭해서는 안 된다.

조정자를 위한 십계명

1. 협상을 시작할 때, 분쟁의 쟁점을 정확히 규정하고 관련된 사실적 증거들을 수집하고 평가하는 절차의 중요성을 강조하라.

2. 협상 모임을 언제 어디에서 가질 것인지, 몇 시간 동안 할 것인지, 성명서의 발표는 언론을 통할 것인지 그렇다면 어느 시점에 할 것인지와 같은 '관리적인 측면'을 조절하라.

3. 당신의 목표는 분쟁 당사자들이 서로 합의하도록 하는 것이라는 사실을 항상 기억하라. 그들에게 영향력을 행사해서 각자의 주장이 갖는 장점에 대한 당신의 생각에 동의하도록 해서는 안 된다.

4. 분쟁 당사자들의 협상 입지에 해를 미칠 수 있는 행위나 발언은 절대 피하라.

5. 양측 모두가 명시적으로 당신에게 조언을 구하지 않는 한, 분쟁해결에 필요한 공식적인 조언을 하지 말라. 양측 모두로부터 조언 요청을 받더라도, 당신의 조언을 한쪽만 수용하고 다른 쪽은 거부할 경우 당신의 조정력이 타격받을 수 있다는

사실을 명심하라.

6. 논의를 위해 개별적으로, 혹은 양측 모두에 어떤
   제안을 할 수 있다. 하지만 그 제안이 분쟁해결을
   위한 조언이 되어서는 안 된다.

7. 한쪽이 상대에게 전해 달라는 제안이나 메시지
   가 있을 경우 가감없이 정확히 전달하라.

8. 당신과 비밀리에 나눈 이야기는 절대 발설하지
   말라.

9. 성경에서도 "주인 앞에서 하인을 욕하지 말라!"
   고 가르치듯이, 분쟁 당사자들이 대표로 지명한
   사람들을 절대 비난하지 말라.

10. 당신은 양측 모두의 친구라는 사실을 항상 기억
    하라. 그들이 당신을 적으로 생각할 어떤 꼬투리
    도 잡히지 말라.

Ⅲ부
중재 : 협상과 조정의 최종 단계

자유의지적 중재의 구조

중재가 자유의지에 따른 것이라 하더라도 법적 소송과 밀접한 관계를 갖는다. 실제로 중재와 법적 소송은 제3자가 최종 결정을 내리기 때문에 일종의 판결(사전에서는 '사법적 판결'이라 정의한다)이 된다.

중재자에게는 분쟁 당사자들의 합의에 의해서 최종 결정을 내릴 권한이 부여되지만, 판사와 배심원에게는 법제도에 의해서 그런 권한이 부여된다. 중재가 법적 소송보다는 형식에 덜 구애받지만, 중재자의 결정은 최종적이며 구속력을 갖는다.

권리 중재와 이해관계 중재

자유의지적 중재를 통해서 해결될 수 있는 분쟁은 크게 두 가지 유형으로 나뉜다. 하나는 법이나 계약을 위반했을 경우에 야기되는 분쟁이며, 다른 하나는 판매자가 요구하거나 구매자가 지불하는 적정 가격과 같이 법정이 해결할 수 없는 이해관계에서 비롯되는 분쟁이다.

권리 중재는 합의문 조항의 의미와 적용을 두고 발생할 여지가 있는 분쟁을 미리 해결하기 위해서 쌍방이 합의하도록 진행되는 것이 보통이다. 대개 이런 합의가 있을 경우 중재자는 합의문 조항에 어떤 것도 덧붙이거나 삭제할 권한을 갖지 않는다.

독립된 주권을 가진 여러 나라가 체결하는 국제 계약은 권리 분쟁의 중재를 위한 조항을 따로 마련하는 것이 일반적이며, 실제로 모든 단체교섭안도 유사한 조항을 갖고 있다.

흔히 철강노동자들의 3대 비극이라 불리는 판례를 만든 세 판결에서, 연방 대법원은 분규 해결을 위한 가장 바람직한 절차는 불만을 중재하는 것이라고 확인시켜주었다. 연방 대법원의 결정에 따라, 경영진과 노동조합이 분쟁의 중재를 합의문 내에 규정할 경우 강제명령은 금지되어 있는데도 파업이나 직장폐쇄를 금지하는 강제명령을 취할 수 있게 되었다. 이 판결 덕분에 단체교섭안이 유효한 동안 노사관계는 안정을 유지할 수 있게 되었다.

이해관계 분쟁에서 쌍방은 합의 하에 분쟁을 중재에 맡기는 것이 일반적 관례이다. 이때 합의문에는 중재자가 분쟁을 결정할 때 적용해야 하는 기준을 상세히 기록하게 되어 있다.

이해관계 분쟁보다 권리 분쟁이 중재에 넘겨지는 경우가

훨씬 많다. 권리 중재에서 중재자가 해야할 일은 쌍방이 이미 협상을 끝낸 합의문을 바탕으로 분쟁을 분석하고 해석하는 것이다. 한편 이해관계 중재에서는 분쟁 당사자들이 약정서 조항을 두고 다투기 마련이므로, 그 조항을 중재에 맡기기로 합의할 때 양측은 중재자가 결정시에 적용할 기준에 대해 우선 합의해야만 한다. 이런 식으로 협상해나갈 때 분쟁 당사자는 분쟁의 원인이 되었던 조항까지도 합의로 해결하는 경우가 많다.

단체교섭안의 조항에 대한 노사분쟁에서 임금과 일자리의 안정성, 생산성, 기구 축소, 연금, 의료보험 등 기본적인 문제들이 쟁점으로 부각되기도 한다. 그런 문제에 대한 결정을 노사 모두가 제3자에게 맡기지 않으려는 태도는 충분히 이해할 수 있다. 그래서 그들은 외부자의 결정에 따르기보다는 차라리 파업이나 직장폐쇄라는 위험을 감수한다.

이해관계 중재 제안의 극적인 거부

1963년 2월 21일 케네디 대통령은 《뉴욕 타임스》를 비롯해서 열 개의 신문을 휴간시킨 파업의 주동자 버트램 파워즈를 맹렬히 비난하면서, 분쟁의 도화선이 되었던 계약상의 쟁점을 중재에 붙이자고 제안했다. 그러나 파워즈는 "대통령께서 잘못 알고 계시다."고 말하면서 대통령의 제안을 정중히 거절했다. 당시 분쟁의 조정자였던 나는 파워즈가 이해관계 중재에 무척이나 적대적인 생각을 품고 있고, 발행인들 역시 논쟁중인 쟁점의 결정을 제3자에게 맡기는 것을 꺼린다는 사실을 잘 알고 있었다. 그러나 파워즈가 중재 요청안을 수용한다면 발행인들은 언제라도 중재 요청에 합의할 자세가 되어 있었다.

그러나 케네디 대통령이 직접 전화를 걸어올 때까지 내가 전혀 모르고 있었던 사실이 있었다. 당시 《뉴스 위크》와 《워싱턴 포스트》의 발행인이던 필립 그레이엄이 대통령에게 파워즈를 오해하고 있으며, 이 파업으로 비난받아야 할 사람은 오히려 발행인들이라고 진언했다는 것이었다. 갈피를 잡을 수 없었던 케네디는 곧바로 연방 대법원의 아더 J. 골드버그 판사에게 조언을 구했다. 골드버그는 단체교섭에서 노동조합을 대리했던 협상가였으며, 케네디는 대통령에 당선된 후 그를 노동부 장관에 임명했고, 나중에는 연방 대법원 판사로 추천했었다. 골드버그는 대통령에게 나를 추천했다.

1963년 2월 24일 일요일 저녁, 나는 뉴욕시의 세인트 레지스 호텔에서 저녁 식사를 하고 있었다. 나를 찾는 전화가 있었는지 알아보려 집에 연락하자, 대통령이 나를 찾았다는 소식이었다. 대통령은 플로리다 팜비치에 있는 케네디 컴파운드에 있었다. 나는 곧바로 호텔 공중전화로 달려가 팜비치의 교환수를 불렀고, 그 즉시 대통령과 연결되었다. 언젠가 사람들로 붐비던 방에서 일면식이 있었던 대통령은 그레이엄의 전화를 받고서 갈피를 잡을 수 없다고 털어놓았다. 그레이엄은 로스앤젤레스에서 열렸던 민주당 전당대회에서 케네디와 존슨이 대통령 후보로 지명되는 데 많은 도움을 주었지만, 그의 판단이 항상 옳은 것은 아니었기 때문에 파워즈와 신문 발행인들에 대한 그레이엄의 말을 전적으로 신뢰할 수 없다는 말도 덧붙였다. 대통령은 내게 당시 뉴욕의 칼라일 호텔에 머물고 있던 그레이엄을 만나, 이야기를 나눠본 후 그 결과를 알려 달라고 부탁했다.

나는 칼라일 호텔로 찾아가 그레이엄과 서너 시간 동안 이야기를 나누었다. 《뉴스 위크》의 유력한 경쟁지인 《타임》이 파워즈를 취재한 후 언론사 파업에 대한 기사를 톱뉴스로 다룰 예정이란 소식에, 그레이엄도 파워즈가 무엇을 요구하는 지에 대한 최신 정보를 얻으려 지난 토요일 뉴욕에서 그를 만났다는 사실을 알게 되었다. 파워즈는 요구사항을 대략적으로 알려주었는데, 어떤 기준으로 보아도 극단적인 요구였다. 그럼에도 불구하고 그레이엄은 파워즈에게 합당한 요구라고 격려하면서, 파워즈가 보는 앞에서 대통령에게 전화를 걸어 발행인들은 제쳐두고 파워즈만 비난하는 것은 실수하는 것이라고 주장했던 것이다. 대통령이 나를 황급히 찾았던 이유가 바로 그 전화 때문이었다.

그레이엄은 내게 파업을 해결하고 싶냐고 물었다. 나는 그 분쟁을 해결하려 벌써 80일째 고생하고 있다고 대답해 주었다. 그러자 그가 이렇게 말했다.

"당신이 파업을 끝낼 수 있는 방법이 있기는 합니다. 와그너 시장이 나를 중재위원회 위원장으로 지명하도록 힘써 주시오. 그럼, 와그너 시장이 중재자로 누굴 지명하든 상관하지 않겠소. 여하튼 우리는 이 분쟁을 종식시킬 결정을 내릴 것이오."

그래서 나는 파워즈가 중재에 동의하지 않을 뿐 아니라 발행인들도 중재에 반대하고 있다고 말해주었다. 그가 내게 물었다.

"당신은 파워즈가 동의해주길 바라는 거요?"

내가 대답했다.

"물론입니다. 케네디가 요구하면 발행인들도 어쩔 수 없이 중재를 받아들일 테니까요."

내 대답에, 그레이엄은 객실에 붙은 부속실로 가서 파워즈에게 전화를 걸었다. 그는 잠시 후에 돌아와, 파워즈가 중재에 동의하지 않을 것이라고 말했다. 그리고 이 분쟁의 중재자로 자신이 임명될 수 있도록 와그너 시장을 설득해 달라고 부탁했다. 나는 조정자 교체를 뜻하는 그의 부탁을 정중히 거절했다.

나중에 파워즈를 통해 알게 된 것이지만, 그레이엄은 자신이 중재위원회 위원장으로 임명될 경우를 대비해 생각하고 있던 결정안을 파워즈에게 알려줬던 모양이다. 사실이 그렇다면 그레이엄은 발행인들에게 질문할 내용 전부를 파워즈에게 알려준 것이나 마찬가지였다. 그러나 이해관계 분쟁 중재에서 어떤 입장을 취해야 하는지 분명히 알고 있던 파워즈는 그런 식의 중재에 응하기를 거부했다. 그레이엄이 결정안에 담길 내용까지 알려주겠다고 유혹했는데도 말이다. 게다가 파워즈는 그레이엄이 어떤 흑심을 품고 있을 거라는 생각이 들었다고 내게 말해주었다.

파워즈의 말은 사실이었다. 나중에 밝혀졌듯이 그레이엄은 당시 정신질환을 앓고 있었고, 결국 수개월 후에 자살하고 말았다. 내가 이처럼 우울한 사연을 자세히 언급하는 이유는, 노사 양측이 근본적인 입장 차이로 이해관계 중재를 반대한다는 사실을 강조하기 위해서이다.

앞에서 지적했듯이, 법적 중재는 강제적일 수 있다. 연방의회와 주 의회가 국가나 지방자치단체의 건강과 안전을 위협하는 사태에 한해 법률로 제정하는 극단적인 조치이다.

연방 의회는 철도 노동조합의 분규에 여러 차례 중재를 명령한 적이 있으며, 일부 주(州)에서는 경찰과 소방관이 분쟁에 관여해도 해결되지 않을 때 중재를 요청하기도 했다. 우정(郵政)공사가 자립형 공기업으로 결정되었을 때, 연방의회는 우정공사와 종업원노조 간의 이해관계 분쟁에서 해결되지 않는 쟁점을 중재에 위임하는 법안을 통과시켰다.

이 법안에 따르면, 단체교섭안의 조항에 대한 분쟁은 우정국이 지명한 1인, 노동조합이 지명한 1인, 그리고 양측이 선정한 중재자들이 선택한 1인으로 구성된 3자위원회에서 결정되어야 했다.

우정공사와 관련된 두 건의 대대적인 분쟁에서 나는 전미 우정노동자연맹이 선정한 중재자 중 한 사람으로 활약한 적이 있다. 이해관계가 얽혀 양측이 해결할 수 없었던 분쟁에 대한 중재였다. 우리는 두 건 모두에서 만족스런 결과를 거두었다. 1부에서도 지적했듯이, 중재위원회는 양측이 선정한 중재자 이외에 중립적인 중재자가 있기 때문에 이해관계 분쟁에서 최선의 타협책을 끌어낼 수 있는 구조이다.

강제적인 중재 이외에 파업이나 직장폐쇄를 피해갈 다른 대안이 없을 때, 양측이 선정한 중재자와 당연직으로 의장을 맡는 중립적 중재자로 구성된 3자위원회가 차선책이 될 수 있다. 물론 이때의 협상이 이해관계 분쟁을 해결하기 위한 최선의 방법일 수는 없다.

중재 판결의 강제력

미국 체육협회(Amateur Athletic Union, AAU)와 미국 대학스포츠협회(Natinal Collegiate Athletic Association, NCAA)가 육상경기 대회 허가를 두고 유례없이 분쟁을 벌였을 때, 미 상원은 두 숙적의 입장 차이를 중재위원회에 맡겨 해결토록 하면서 험프리 부통령에게 중재위원의 임명권을 부여했다. 그런 식으로 해결을 유도한 것은, 1968년 멕시코시티 올림픽을 앞두고 미국 육상대표 선발전에서 불거질 잠재된 문제까지 한꺼번에 해결하기 위한 것이었다.

험프리 부통령은 내게 위원장직을 맡겼고, 나와 절친했던 동료들을 중재위원으로 임명했다. 법무차관을 지냈고 훗날 워터게이트 사건에서 특별검사로 활약했던 아치볼드 콕스 하버드대학 교수, 1932년과 1936년 올림픽 육상경기에서 슈퍼 스타가 되었고 당시 시카고 시의회 의원이던 랄프 멧칼프, 미 해군 퇴역 장성이던 데이브 슈프, 그리고《클리블랜드 플레인 딜러》 발행인 토마스 배일 등이었다.

1960년대 초부터 시작된 AAU와 NCAA의 갈등은 1964년 올림픽의 미국 참가 가능성까지 위협할 정도였다. 당시 케네디 대통령은 더글라스 맥아더에게 그 분쟁을 해결토록 요청했고, 맥아더는 일시적인 방편으로 두 단체의 휴전을 끌어내 1964년 올림픽에 선수단을 파견할 수 있었다. 그러나 휴전은 분쟁의 완전한 해결책이 아니었다. 두 단체의 갈등이 다시 불거지면서 1968년 올림픽 참가가 위협받게 되었다.

사실 그 분쟁은 일반인들의 생각만큼 심각한 것은 아니었다. 청문회 기간 동안 증재위원회는 분쟁이 관료적인 두 조직의 탐욕에서 비롯되었음을 파악할 수 있었다. 결국 문제는 당시 태동하기 시작한 텔레비전 중계에 따른 수입을 어떻게 분배하느냐는 것이었다. 오랫동안 올림픽 참가선수를 선발해 온 AAU가 선수를 친 반면, NCAA는 기존 시스템에 변화를 줄 만한 설득력 있는 이유를 제시하지 못했다.

우리는 만장일치로 중재안을 발표했고, 상원도 우리 중재안을 지원해주었다. AAU는 중재안을 받아들였지만, NCAA와 산하 조직인 전미 육상연맹은 거부했다. 나는 600여 대학 학장 및 총장에게 편지를 보냈다. "중재위원회가 결정한 중재안을 거부한 행위에 경악할 뿐"이라는 내용이었다. 《뉴욕 타임스》는 그날 내 말을 인용해 "이 사람들(양측 모두를 가리킨다)은 건장한 트럭 운전기사를 영양부족에 시달리는 비둘기처럼 보이게 만들었다"고 썼다.

상·하원에서 법제화하고 대통령이 서명한 법률로 강제된 중재와 달리, 상원만의 결의는 법적 효력을 갖지 않는다. 양측은 처음부터 중재에 참여하기로 합의했지만, 중재위원회의 결정이 구속력이 없다는 이유로 대수롭지 않게 여기는 듯했다. 나는 중재위원회의 결정이 법적 구속력을 갖지 않더라도 도덕적 구속력을 갖는다며 공개적으로 그들을 비난했다.

AAU는 소송까지 벌이면서 중재위원회의 결정을 따르려 하지 않았고, NCAA는 소송을 제기할 특별한 이유가 없었다. 그러나 근본적으로 텔레비전 중계 수수료에서 시작된 분쟁이었던 까닭에, 맥아더 원수만이 아니라 우리 중재위원회도 해결할 수 없었던 이 기념비적인 알력은 나중에 유야무야 해소되면서 육상 선수들은 무사히 올림픽에 참가할 수 있었다.

중재자 선정 과정 : 법적 소송이 아닌 중재의 이점

민간분야에서 법적 소송에 비해 중재가 갖는 가장 커다란 이점 중 하나는 분쟁 당사자들이 중재자의 선정에 참여하면서 타협의 기회를 갖는다는 점이다.

수많은 기관이 분쟁 당사자들에게 중재자로 적합한 인물들에 대한 정보를 제공한다. 요즘 들어 LPR 퍼블리케이션이라 알려진 한 기관은 '즉석 컴퓨터 중재 탐색'이라는 프로그램을 이용해 6만 8000건의 중재위원회 결정문을 제공해 준다고 광고하고 있다. 이 결정문들은 중재자, 기업, 주제,

노동조합별로 분류되어 있으며, 중재자의 개인적인 신상정보는 물론이고 과거 경력까지 자세히 소개하고 있다.

물론 분쟁을 중재에 넘기려면 우선 양측의 합의가 있어야 하고, 중재자 선정 과정도 거쳐야 한다. 그렇기 때문에 선정 과정 자체가 협상의 주된 쟁점이 될 수도 있다.

분쟁 당사자는 거부권을 행사하기 전에, 쟁점화된 현안에 비추어 후보자들의 자질을 점검해야 한다. 가령 합의안의 조항을 해석하고 적용하는 데서 비롯된 분쟁이라면, 변호사가 적절한 중재자가 될 수 있다. 생산성에 관련된 쟁점이라면 학자가 안성맞춤이다. 학자는 효율성을 우선시하며, 임금 인상이 인플레이션에 미치는 영향을 항상 염두에 두기 때문이다. 또 학자는 노동조합이나 직원의 안전을 우선시하는 요구를 적극 지원하는 경향이 있다.

법적 소송과 비교했을 대 중재는 다음과 같은 이점이 있다. 법적 소송에서는 법원이 모든 절차를 결정하지만 중재는 양측 모두에게 분쟁해결을 위한 토론장을 만들어준다. 협상 과정에서 양측은 중재를 언제 어디에서 할 것인지, 어느 수준까지 공개할 것인지, 중재자가 결정을 내릴 때 무엇을 기준으로 할 것인지 등에 대해서 합의할 수 있다. 그러나 이런 이점을 향유하려면 분쟁 당사자들이 서로 합의점을 찾아야 하는데, 그것은 항상 쉬운 일이 아니다.

중재자 선정에 대한 예외적인 계약 규정

브로드웨이 극단의 프로듀서인 레스터 오스터만은 연극배

우 캐롤 버네트와의 분쟁에서 나를 대리인으로 고용했다. 쟁점은 1964년 2월 15일에 막이 오른 뮤지컬 〈페이드 인-페이드 아웃〉의 주인공으로 그녀가 공연을 책임지기로 한 계약의 위배 여부였다.

25주간의 공연에서 버네트는 등과 목이 아프다는 이유로 58번이나 출연하지 않았다. 물론 그녀가 무대에 나서지 않을 때마다 대부분의 관객은 환불 소동을 벌였다. 게다가 그녀가 출연을 취소함으로써 프로듀서는 뮤지컬 자체를 취소할 수밖에 없었고 모두 50만 달러에 달하는 손해를 보았다.

우리는 버네트가 개인적인 이유 때문에 출연하지 않으려 아픈척 한 것이라 믿고, 단체교섭안을 제시하며 그녀에게 계약을 준수하고 공연에 참여하라고 촉구했다.

단체교섭안에는 예외적인 규정이 담겨 있었다. 버네트가 소속된 배우조합(Actors Equity)에 다섯 명으로 구성되는 중재위원회 지명권을 부여한다는 규정이었다. 우리는 합의안을 준수하라고 요구할 수밖에 없었기 때문에, 배우조합이 선정한 중재위원회에 심리를 요청했다.

다행히 중재위원회는 우리 편인 것 같았다. 그들도 배우였기에, "공연은 계속되어야 한다!"는 연극의 철칙을 잊지 않은 듯했다. 게다가 버네트가 아팠다는 주장을 증명할 만한 뚜렷한 증거도 없었다. 청문회가 열리는 동안 버네트는 우리에게 자신의 명예를 훼손했다고 비난했지만 결국에는 무대로 복귀하는 데 합의했다.

엄청난 비용을 치른 뒤에야 공연은 재개되었고 관객을

끌어들이기 시작했다. 그러나 공연이 재개되고 얼마 지나지 않아, 임신중이었던 베네트가 유산할지도 모른다는 걱정 때문에 병원에 다녔다는 사실이 밝혀졌다. 공연은 즉각 중단되었고, 그녀가 병원에 입원해 있는 동안 공연은 불가능했다. 결국 그 뮤지컬은 영원히 막을 내려야 했다. 그 후 그녀의 대리인들은 불행히도 그녀가 유산하고 말았다는 소식을 전해주었다. 우리는 당혹스러웠고 깊은 슬픔에 잠겨야 했지만, 배우조합이 선정한 중재위원회가 보여준 성실함에는 깊은 인상을 받았다.

상근 중재자와 비상근 중재자

흔히 단체교섭안이나 일상적인 상업계약에서 쌍방은 합의문 조항의 해석과 적용에 대한 분쟁을 해결하기 위해 상대적으로 쉽게 구할 수 있는 상근 중재자에게 도움을 청하는 경향이 있다. 실제로 상근 중재자는 해당 산업계와 분쟁 당사자들에 대해서 잘 알고 있기 때문에 관계를 정상화시키는 데 많은 도움을 줄 수 있다. 또한 상근 중재자는 즉각적인 관심을 필요로 하는 분쟁을 포함해서 분쟁이 있을 법한 상황을 늘 파악하고 있기 때문에 분쟁 발발시 발빠르게 대응할 수 있다는 장점도 함께 가지고 있다.

　뉴욕시 운송산업에서 상근 중재자로 일하는 동안 나는 곧잘 이런 전화를 받았다. 한두 시간 내에 중재가 이루어지지 않으면 파업이 일어날 것이라는 전화였다. 그때마다 나는 쌍방의 시간에 맞추어 즉각 청문회를 준비했다. 심지어 전화통화로 분쟁을 끝낸 적도 여러 번 있었다.

권리 분쟁에서 중재자는 해석과 적용을 요청 받은 합의문 조항을 넘어서지 않도록 주의해야 한다. 조항이 애매한 경우 중재자는 양측 모두에게 문제의 조항을 작성할 때 어떤 생각이었는지 물어야 한다. 이런 점에서 중재자는 판사와 같은 역할을 한다고 할 수 있다.

그러나 광범위한 해석이 가능한 조항이 있을 수 있다. 가령 노동자의 해고와 관련된 단체교섭안의 전통적인 규정에 따르면, 노동자는 정당한 사유 없이 해고될 수 없다. 거꾸로 말하면 노동자는 정당한 사유가 있을 때에만 해고될 수 있다는 뜻이다. 하지만 정당한 사유가 무엇인가? 상황에 따라서 가변적일 수 있는 것이다.

그런 쟁점에 대한 판단을 내릴 때 중재자는 양측의 현재 관계만이 아니라 결정이 내려진 후의 관계까지도 고려해야 한다. 중재자의 결정은 양측이 당시 상황에서 예측할 수 있는 범위 내의 것이어야 한다. 또한 다른 중재자들이 유사한 상황에서 어떤 결정을 내렸는지도 참조해야 한다. 가령 어떤 직원이 장기결근을 이유로 해고당한 경우 중재자는 그가 할당된 업무를 어떤 식으로 처리했는지, 정상을 참작할 다른 상황은 없는지 등을 고려해야 한다. 예컨대 명망 있는 의사의 진단서도 고려 대상이 될 수 있을 것이다.

규칙을 지켜라

주어진 쟁점에 집착하는 것은 중재자로서 당연한 일이며,

어떤 의미에서는 아무리 강조해도 지나치지 않다. 중재자는 부수적인 의견, 즉 결정과 무관한 의견들을 피해야 한다. 말하자면 그에게 주어진 것에 국한된 판결을 내려야 한다.

1961~62년 시즌 내내 메트로폴리탄 오페라 극단을 괴롭힌 분쟁을 중재해 달라는 요청을 받았을 때였다. 문제의 쟁점은 메트로폴리탄 오페라극단연합회와 전미 연주가협회 802지구 간의 계약 갱신에 관련된 내용이었다.

케네디 대통령의 요청으로 미국 노동총연맹산업별회의의 상임 고문을 지냈고 당시 노동부 장관이던 골드버그가 그 분쟁에 관여하자, 무려 100가지가 넘는 쟁점들이 나열된 두툼한 서류가 건네졌다. 주급, 계약기간, 당일 연습과 시즌 이전의 연습 수당, 초과 수당, 분규처리 수단 등 전통적인 노사계약에 따른 모든 기준임금이 쟁점에 포함되어 있었다.

골드버그 장관은 1961년 12월 14일 중재 판결을 내리면서 대부분의 쟁점을 해결하는 동시에 모든 공연예술에 정부 보조금을 요청했다. 이 요청은 나중에 '예술 증진을 위한 정부 보조'를 통해 현실화되었다. 어쨌든 이 제안으로 골드버그는 유명인사로 부상했고, 급기야는 《뉴욕 타임스》 1면 기사를 차지하기도 했다.

그러나 골드버그가 결정하지 않았던 쟁점이 하나 있었다. 거의 20년 동안 메트로폴리탄에서 프렌치 호른 주자로 노동운동에 적극적이던 레스터 살로만의 재고용을 메트로폴리탄 극단이 거부한 것이었다. 메트로폴리탄 극단은 "살로만이 이제 입술이 상해서 확실한 연주를 제대로 해낼 수 없다"는 이유로 재고용을 반대했다. 하지만 살로만은 노조 활동 때문에 해고된 것이라 믿고 있었다. 결국 골드버그는 이 분규의 중재를 내게 맡겼고, 나는 양측이 인정할 수 있는 판결을 내려야 했다.

내가 중재를 맡자마자, 언론에서는 살로만의 프렌치 호른 연주 능력을 평가할 자질이 내게 있는지에 대해 의문을 제기했다. 나는 초등학교 시절 내 목소리가 곡에 어울리지 않아 졸업식장에서 입도 뻥긋할 수 없었다고 응수했다.

그러나 내게 결정이 맡겨진 쟁점의 핵심은 살로만의 프렌치 호른 연주 능력에 대한 평가가 아니라, 그가 실제로 해고된 이유가 노조활동 때문인가 하는 것이었다. 나는 그 쟁점을 면밀히 검토한 끝에 노조활동 때문에 해고된 것이 아니라는 결론을 내렸다. 나는 판결문에서 살로만의 프렌치 호른 연주 능력에 대해서 한마디도 언급하지 않았다.

내 판결에 노동조합측은 목소리를 높여가며 줄기차게 야유를 퍼부었다. 《뉴욕 헤럴드 트리뷴》의 논설위원까지도 "킬 씨는 물론이고 골드버그 씨도 이제 오페라를 바닥에 앉아 관람해야 할 것 같다!"며 은근히 나를 비난했다. 그 이후로 나는 메트로폴리탄에서의 분쟁을 더 이상 맡을 수 없었다. 그러나 나는 지금도 단체교섭안 조항에 충실했다고 자신있게 말할 수 있다.

〈마이 페어 레이디〉에서 렉스 해리슨의 교체

〈마이 페어 레이디〉의 연출가는 주연배우인 렉스 해리슨과 계약이 만료되어갈 즈음, 주연배우의 교체 문제를 두고 내게 중재를 요청해왔다. 연출진은 영국 배우인 에드워드 멀헤어로 교체하려 했지만, 브로드웨이 극단들에서 활동하는 배우들의 노동조합인 배우조합은 다른 미국인으로 교체하기를 원했기 때문이다. 영국인들이 국내 무대에서만큼은 자국의 배우만을 고집했던 까닭에 배우조합의 요구는 일면 타당했다.

솔직히 말해서 나는 헨리 히긴스 교수 역할을 최적으로 해낼 배우를 판단해낼 자격이 없었다. 하지만 판단 기준이 배우의 국적이 되어서는 안 된다는 원칙은 알고 있었다. 결국 나는 멀헤어에게 그 역을 맡기라는 판결을 내렸다. 그 후 멀헤어의 공연을 보면서 해리슨이 그 배역에 적격한 배우였음을 확인할 수 있었지만 내 판결을 후회하지는 않았다.

매카시 대 매카시와 매카시와 매카시

살로만 사건처럼 언론의 집중을 받은 사건도 많지만, 중재가 언제나 중대한 사건에서만 요청되는 것은 아니다.

한 뉴욕 버스회사의 운전기사로 당시 개인적으로 회사에 빚을 지고 있던 데니스 매카시가 그의 직속상관 조셉 J. 매카시와 그 회사 부사장 조셉 T. 매카시 그리고 사장 존 E. 매카시를 상대로 제기한 중재 사건이 적절한 사례가 될 수 있다. 이 사건은 데니스 매카시가 회사에 빚진 12.90달러를 갚지 않았다는 이유로 1952년 12월 31일 일당을 지급받지 못한 것에 대한 데니스의 상환 요구로 시작되었다. 그는 회사에 빚지고 있다는 사실을 부인하지 않았지만, 결코 밝힐 수 없는 이유로 회사가 그에게 빚을 독촉할 입장이 아니라고 주장했다.

데니스는 자신의 정직성을 과시하려 장광설을 늘어놓으며, 관련없는 이야기로 많은 시간을 쓸데없이 낭비하게 만든다는 회사측 대표의 불평에도 아랑곳하지 않고 데니스는 자기 주장을 멈추지 않았다. 그는 자신의 모든 이야기가 본 사건과 관련 있는 것이라 주장하면서 빨리 말하겠다며 속사포처럼 말하기 시작했다.

분쟁은 데니스가 그 날의 운행 카드를 기록하지 않음으로 해서 시작된 것이었다. 실제로 모든 운전기사는 마지막 운행을 끝내고 반드시 운행 카드를 기록하도록 되어 있는데 데니스는 그렇게 하지 않은 것이다. 게다가 그가 운행했다는 버스 요금상자에 대한 기록도 누락되고 없었다. 그가 근무했다는 어떤 증거도 없었던 까닭에 경리부는 다음달 봉급에서 6.45달러를 공제했고, 공제는 당연한 것으로 여겨졌다. 그러나 데니스는 곧바로 불만을 표시했고 회사측은 그 날의 운행 카드를 재작성하면 공제액을 환불받을 수 있을 것이라 데니스를 달랬다.

그러나 그에게 새로 작성하라고 건네진 운행 카드에는 요금상자에 대한 기록이 포함되어 있지 않았다. 그 기록을 어디에서도 찾을 수 없었기 때문이다. 그의 상관이 공제된 액수에 상응하는 숫자를 쓰라고 강요했지만, 데니스는 원칙을 중요시 여기는 사람답게 요금상자의 기록이 없는 신청서에 서명할 수 없다고 맞섰다. 데니스는 그 날의 운행 카드를 노동조합에 제출했다고 주장했지만 노동조합에서는 그에 대한 어떤 설명도 없었다. 노동조합으로서도 문제의 카드가 어디로 사라졌는지 알 길이 없어 속앓이를 하고 있었다.

어쨌든 봉급에서 6.45달러가 공제되었을 때, 원칙에서 벗어나는 것을 죽기보다 싫어했던 데니스는 자구책을 쓰기로 했다. 그 날 수금한 요금 상자에서 공제당한 액수인 6.45달러를 꺼낸 것이다. 회사는 다음달 봉급에서 6.45달러를 다시 공제하는 방식으로 대응하면서 그 날의 운행 카드를 올바로 작성해 달라고 요청했다.

자칭 명예로운 전사였던 데니스는 거짓으로 운행 카드를 채울 수는 없다고 주장했다. 그는 다음날 버스 요금상자에서 다시 6.45달러를 꺼냈다. 물론 회사도 다음달 봉급에서 6.45달러를 공제하는 것으로 대응했다.

데니스는 놀라운 자제력을 보이며, 그 해 마지막 봉급날까지 어떤 보복 조치도 취하지 않다가 봉급날 요금상자에서 12.90달러를 꺼냈다. 회사측이 6.45달러를 공제할 것이라고 판단해서 미리 6.45달러를 더 꺼낸 것이다.

이즈음 회사측은 데니스의 계산법을 인정해주고 버스 운행에 전력을 쏟는 편이 비용면에서나 시간면에서나 이익이라 결론짓고, 그의 봉급에서 한 푼도 공제하지 않았다. 결과적으로 데니스는 12.90달러 초과로 받은 셈이 되었다.

다음날 아침, 데니스는 즉시 12.90달러를 반환하지 않으면 해고할 수밖에 없다는 통지를 받았다. 데니스는 12.90달러를 반환할 의사가 있었지만 그런 식으로 협박을 당하면서 돌려주고 싶지는 않았다. 그는 돈을 반환하지 않은 채 평소처럼 버스를 몰고 나갔다. 그러나 그의 감독관이던 조셉 매카시와 다른 두 매카시에게 제지를 당해 버스를 차고로 되돌려놓아야 했다.

다음날 파업이 시작되지 않았더라면 '매카시들'의 분쟁도 끝나지 않았을 것이다. 파업은 29일 동안 계속되었고, 그 동안 데니스는 12.90달러를 반환했을 뿐 아니라 잠정적인 휴전에 동의하고 노동조합이 요구한 대로 복직을 받아들일 의사를 보였다. 그러나 회사가 그의 정직성과 성실성을 문제 삼은 것에 대해서는 매듭을 짓고 싶었던지, 그 문제에 대해서만은 고집스레 중재를 요청했다. 결국 청문회가 열렸고 데니스는 청문회에 참석하기 위해 회사에 하루 휴가를 신청해야 했다.

내가 결정해야 했던 쟁점은 1) 데니스 매카시는 상실한 일당을 변상받아야 하는가, 2) 데니스 매카시는 청문회에 참석키 위해 상실한 일당을 지급받을 수 있는가였다. 나는 실상을 조사한 후 다음과 같은 결론을 얻었다.

1) 데니스 매카시는 신의를 소중히 여기는 사람이다.

2) 데니스 매카시는 어떤 협박도 받을 이유가 없다.

3) 데니스 매카시는 원칙에 철저한 사람이다.

4) 이상의 평가는 데니스 매카시만이 아니라, 조셉 J. 매
   카시와 조셉 T. 매카시 그리고 존 E. 매카시에게도 해
   당된다.
5) 본 분쟁은 지금까지 어떤 조치도 없이 진행되어 왔기
   때문에 신속한 결론이 내려져야 한다.

이상의 진상조사를 바탕으로 나는 다음과 같은 판결을
내렸다.
1) 데니스 매카시는 회사의 요금상자에서 '갈취'하는 행
   위를 중단하도록 한다.
2) 회사는 데니스 매카시의 봉급에서 공제하는 행위를
   중단하도록 한다.
3) 회사는 데니스 매카시의 기록을 이 불행한 사태가 벌
   어지기 전의 깨끗한 상태로 되돌려놓기로 한다.
4) 데니스 매카시는 지난 18년 동안 그랬던 것처럼 회사
   를 위해서 성실하고 효율적으로 근무하도록 한다.
5) 데니스 매카시가 지불정지라는 불이익으로 상실했던
   일당과 그 일당을 되찾기 위해 다시 상실해야 했던 일
   당, 즉 이틀의 일당 전부를 회사측이 변상하는 것은
   공정치 못하며, 그렇다고 이틀의 일당 전부를 인정하
   지 않는 것은 지나치게 가혹하기 때문에 데니스에게
   하루의 일당을 인정해주기로 한다.

사공이 너무 많다

조정자위원회와 중재자위원회

조정은 고도로 개인적인 사업이다. 조정의 결과는 당사자
들이 서로 어떻게 반응하느냐에 따라 달라진다. 따라서 다
수로 구성된 위원회보다는 한 사람의 조정자가 훨씬 효율
적일 수 있다. 하지만 조정자위원회의 조정이 확실히 유리
한 분쟁도 있다. 존경하는 사람들이 일렬로 앉아 있는 것만
으로도 양측 모두에게 안도감을 줄 수 있기 때문이다.

　그런 까닭에 조정자나 중재자를 선정할 때 양측 모두에
게 안도감을 줄 수 있는 사람을 포함해서 위원회를 구성하
기도 한다. 나는 이해관계 분쟁일 경우에는 조정자로서, 권
리 분쟁일 경우에는 중재자로서 단독으로 일하기를 좋아한
다. 한편 이해관계 분쟁을 중재할 경우에는 양측이 중재자
를 한 명씩 선정하고, 중립적인 제3의 중재자를 선정해서
구성한 3자위원회가 바람직하다고 생각한다.

뉴욕시 윌리엄 오드와이어 시장의 노동문제 참모를 지냈던 에드워드 C. 매규어는 시민 조정자(Citizen Mediator)라는 개념을 처음으로 사용했다. 나는 한동안 그의 보좌관을 지냈고, 그가 퇴직하고 나서 그 자리를 이어받았다. 언젠가 우리는 조정자들을 선정하는 과정에 관여한 적이 있었다. 선정된 조정자들은 분쟁 당사자들과 친했을 뿐 아니라 그들의 존경까지 받는 인물이어서 맡은 일을 매우 효율적으로 해낼 수 있었다.

뉴욕시 경마장에서 경영진과 조교사들이 분쟁을 벌였을 때 우리는 최고의 스포츠 칼럼니스트인 《뉴욕 타임스》의 아더 달레이와 《뉴욕 데일리 미러》의 댄 파커, 뉴욕주 마사회의 아더 슬로안을 조정자로 선정해 조정위원회를 구성했다.

뉴욕의 여성복 제조업자와 국제여성복노동자연맹(ILGWU)의 분쟁에서는 뉴욕주 상원의원이던 허버트 레만에게 조정을 요청했다. 양측 모두가 그의 선정을 환영하면서, 그에게 상처를 주지 않기 위해서라도 합의점을 찾으려 애쓰는 모습이 역력했다.

그러나 ILGWU 산하의 두 노동조합이 의견 충돌을 일으켰을 때, 두 조합은 ILGWU 위원장으로 당시 최고의 영향력을 발휘하던 데이비드 두빈스키가 조정 역할을 맡아주도록 내게 설득해 달라고 부탁했다. 그러나 두빈스키는 쉽게 응락하지 않았다. 내 요청에 그는 이렇게 되묻는 것으로 대답을 대신했다.

"분쟁이 해결될 수 있다면, 그들이 나를 필요로 하겠소?

분쟁이 해결되지 않아야 내가 개입할 수 있는 것이 아니 겠소."

중립적인 위원들간의 협상

조정위원회나 중재위원회의 위원들간에 의견이 대립되는 경우도 있다. 일반적으로 그런 의견 대립은 중재의 경우보다 조정의 경우에 더욱 치명적이다. 중재자들 사이에 의견 대립이 생기면 과반수 원칙에 따라 판결을 내리게 된다. 중재자들은 서로 협상을 벌이는 경우가 자주 있기 때문에 과반수 결정을 고려해서 중재자의 수를 홀수로 구성할 필요가 있다. 그렇게 한다면, 중재자들 사이의 의견 대립에 상관없이 과반수 결정이 가능하기 때문이다.

나를 포함해 3인으로 구성된 조정위원회가 항만 분쟁에서 조언을 요청받은 적이 있었다. 그런데 핵심적인 쟁점에서 나는 다른 두 조정자와 생각이 달랐다. 나는 그들과 생각이 다르다는 것을 어떤 식으로든 드러내야 했다. 하지만 조정자의 역할이 분쟁을 해결하자는 것이 아니던가! 따라서 당연히 두 동료 위원의 결정이 위원회 조언으로 발표되어야 했다. 내가 반대 의견으로 목소리를 높인다면 그 분쟁은 해결되기 힘들었다. 결국 나는 타협안으로 위원회 보고서에 "킬 씨는 연간 1600시간을 보장하는 차원에서 핵심 쟁점에 접근하고 싶어했다"는 문장 한 줄을 삽입하는 것으로 만족했다.

그러나 이 한 문장이 궁극적으로 뉴욕시의 항만을 개선

하는 해결책이 되었듯이 기본이 되는 사실과 쟁점은 언제라도 돌이켜볼 가치가 있다.

항만작업을 혁신적으로 바꿔놓은 부두 노동자들의 파업

1950년대 말부터 1960년대 초까지 국제항만노동자연합회(ILA)와 뉴욕해운협회의 관계는 잠시도 조용한 때가 없었다. 2년 기한의 단체교섭안이 만료될 때마다 파업은 당연한 것으로 여겨졌다.

태프트-하틀리법으로 알려진 포괄적인 노동법안이 1947년에 채택된 후, 대통령은 항만 파업을 막으려 네 번에 걸쳐 80일간의 냉각기간을 선포했다. 1962년 12월 23일로 냉각기간이 만료되자, ILA의 뉴욕지부는 파업에 돌입했다. 그 결과 메인주에서 텍사스주까지 대서양과 멕시코만에 면한 거의 모든 항구에서 하역 및 선적작업이 중단되고 말았다. 약 550척의 선박과 10만 명 이상의 부두 노동자들이 빈둥댈 수밖에 없었고, 경제적 손실은 하루에 수백만 달러에 이르렀다.

케네디 대통령은 외국을 원조하고 구호할 물자와 군사장비의 선적이 늦어지면 미국을 비롯한 전세계에 경제적 재앙이 닥칠지도 모른다면서 조정위원회의 구성을 선포했다. 위원장으로는 웨인 모스 상원의원이 선정되었고, 조정위원으로는 하버드 비즈니스 스쿨의 제임스 힐리 교수와 내가 임명되었다.

나를 조정위원으로 선정하기 전에, 윌리엄 워츠 노동부

장관은 강제 중재가 유일한 해결책이 된다면 강제 중재를 권고할 각오가 되어 있냐고 물었다. 나는 다른 대안이 전혀 없다면 그런 권고는 당연한 것이라 대답했다.

대통령은 닷새의 여유를 주면서 분쟁을 해결하든지, 아니면 극단적인 조치로 의회가 중재를 강제하는 권고안을 내도록 지시했다. 핵심 쟁점은 선적과 하역에 필요한 노동자의 규모였다. 사용자들은 선적 및 하역장비가 개선된 만큼 인부들이 불필요하게 끊다고 생각해 인원수를 감축하려 했다. 또한 페더베딩(노동조합이 실업 방지책의 일환으로 요구하는 과잉 고용이나 생산 제한—옮긴이)과 부두에 항상 모이는 사람들 가운데서 선적 및 하역인부를 선정하는 '셰이프-업' 방식처럼 비효율적이고 부패한 관습에 대해서도 불만이었다.

조정위원회가 구성되기 전까지의 협상에서 양측은 노동부에 실상조사를 의뢰하기로 합의했다. 인부의 규모, 노동인력의 탄력성, 퇴직 수당, 등록 마감, 자동화 및 기타 관련된 문제들을 총망라하는 실상조사였다. 조사는 1964년 7월 31일 완료되었다.

이 특별조사에서는 주로 부패와 비효율성 그리고 임금과 노동기회의 불균등을 촉발시키는 원인이었던 셰이프-업에 대해 집중적으로 거론했다.

각 부두에서 매일 셰이프-업이 행해지면서 고용권을 가진 십장(什長)은 부두에 모인 사람들 중에서 특별히 안면 있는 사람들을 중심으로 인부를 선정했다. 따라서 어떤 일

을 맡기더라도 십장에게 일정한 사례금을 약속하는 사람들
이 주로 선정될 가능성이 높았다. 간혹 죽은 사람, 부두를
아예 떠난 사람에게 임금이 지불되는 경우도 있었다. 고용
권을 쥔 십장과 그의 하수인들이 그처럼 돈을 착복하고 있
었던 것이다. 게다가 부패한 십장이나 조직 폭력단이 개입
되지 않으면 하역이나 선적할 인부가 턱없이 부족해서 선
박의 입출항이 지연될 수 있었기 때문에, 그 시스템은 비효
율적일 수밖에 없었다.

　부두에 모인 사람들 중에는 간혹 하루나 이틀쯤 부두일
을 하러 찾아온 변호사나 의사를 비롯해 전문직에 종사하
는 사람들이 있기는 했지만 대다수가 일용직 노동자였다.
한편 사법 관할권이 다른 부두마다 별도의 지역노동조합을
결성해서 그 구성원들에게 우선권을 주었다. 예를 들면 브
루클린 출신 인부는 뉴워크 항만에서 일할 수 없었다. 또한
한 노동조합의 신참 회원이 거절한 일자리에 다른 노동조
합 소속의 고참 회원을 고용할 수 없었다.

　일자리를 찾는 회원들은 지정된 부두에 모여야 했고, 선
박이 그들의 부두에 정박하지 않을 때에는 일거리가 있는
부두로 이동해야 했다. 그 밖에도 선적이나 하역에 필요한
21명의 인부가 선별될 때까지 어디에서도 일을 시작할 수
없다는 것도 문제였다.

　또한 주말에는 초과수당을 지불해야 하므로 목요일이나
금요일에 출항하기를 원하는 선박들이 몰려들어, 일손이
바쁜 항구에서는 인력이 턱없이 부족하고 다른 곳에서는

인력이 남아도는 현상까지도 있었다. 주간(州間)항만위원회가 항만노동자에게 2만 7000장의 허가증을 발행하고 항구 곳곳에 고용인 휴게소를 운영하여 등록을 마감함으로써 인력 초과를 어느 정도 해소할 수는 있었다.

당시 합의안은 1964년 9월 30일에 만료될 예정이었기 때문에, 워츠 노동부 장관은 1963년의 파업을 해결했던 조정위원회를 재소집하면서 필요할 경우 구속력을 갖지 않는 권고안을 제시할 수 있는 권한을 부여했다. 그러나 모스 상원의원이 격무에 지쳐 위원회에서 사임함으로써 제임스 레이놀즈 노동부 차관이 후임 위원장으로 선정되었다.

핵심 쟁점은 부두 작업에 필요한 인원수를 21명에서 15명으로 줄여야 한다는 뉴욕해운협회의 요구와 그 요구를 수용할 경우 일자리를 상실할 인부들을 위한 보장책이었다. 조정위원회의 의견은 인부 인원을 감축해야 한다는 것이었다. 레이놀즈와 힐리는 ILA가 요구하는 보장책에 대한 한 가지 제안을 제시했지만, 나는 그 제안에 반대했다. 그 제안은 인부들이 전(前) 해에 일했던 노동시간에 근거를 둔 것이었지만, 내 생각에는 질병이나 개인적인 선택 혹은 여타의 이유로 지난 한 해 동안 일시적으로 일했던 인부들에게 절대적으로 불리한 불공정한 제안이었다.

내가 노사관계문제를 해결하는 데 관여했던 기간 동안 터득한 진리가 있다면 직원들간의 갈등이든 경쟁하는 기업들간의 갈등이든 간에 본질을 회피한 처방이 갈등을 자극하는 가장 큰 요인이라는 것이다. 또한 두 조정자의 제안이 효과없을 것이란 내 생각은 '일심동체론'에 근거한 것이었다. 실제로 '일심동체론'은 노사관계를 비롯한 모든 인간관계에서 공통되는 현상이다. 말하자면 모두가 한 배에 타고 싶은 심정이란 것이다.

나는 정규직원에게는 연간 1600시간, 즉 40주의 노동을 보장해줄 것을 대안으로 제안했다. 노동조합은 연간 총임금을 보장해 달라고 제안했고, 사용자들은 그 제안에 강력히 반발했다. 협상을 계속하는 동안 내 제안이 자연스레 거론되었다. 휴일, 휴가, 실업보상 등을 고려할 때 사용자들이 내 제안을 수용할 수 있으리라는 생각이었다.

나는 연간 임금액을 보장하는 데 초점을 맞춘 동료들과 생각이 달랐지만, 그들의 제안에 공식적으로 반대 입장을 표명하지는 않았다. 소수인 내 의견이 분쟁해결에 걸림돌이 되어서는 안 된다는 생각에서였다. 대신, 나는 정규직원에게 1600시간의 노동을 보장해주자는 한 문장을 조정안에 삽입하기를 제안했고 동료들도 내 제안을 수용해주었다. 결국 나는 내 제안을 강력히 주장한 것도, 동료들의 제안을 강력히 반대한 것도 아니었다.

계약 갱신을 위한 협상은 ILA가 조정위원회의 제안을 거부함으로써 9월 30일 결렬되고 말았다. 항만 인부들은 파업에 돌입했고, 메인에서 텍사스까지 거의 모든 부두가 마비되었다. 존슨 행정부는 즉시 태프트-하틀리법을 발효시켜 80일간의 파업 유보를 명령했다. 시한은 1964년 12월 20일까지였다. 이때까지 분쟁이 해결되지 않을 경우 파업이 다

시 시작될 수도 있었다. 강제 명령이 떨어진 후 조정위원회
는 분쟁해결을 위해 다시 노력을 경주하기 시작했다.

최종시한이던 12월 20일을 나흘 앞두고, ILA와 사용자들
은 마침내 합의에 이를 수 있었다. 내가 작성한 한 문장의
조언에 근거한 4년 계약이었다. 덕분에 파업의 재개를 막
을 수 있었고, 선적과 하역의 방법이 혁신적으로 탈바꿈될
수 있었다.

또한 합의안은 항만의 다른 문제들까지 덩달아 해결해주
었다. 합의안(연간 임금의 보장에 대한 차후의 단체교섭에
서 노동시간이 늘어났다)에 따르면, 항만 인부는 일자리를
보장받기 위해서 부두로 나와야 했다. 한편 셰이프-업이
시행되던 과거에는 5만 명이 명단에 수록되어 있었고 그
중 다수가 다른 직업을 가지고 있었지만, 합의안에서는 인
력이 1만 5000명의 상근 노동자로 축소되었다.

게다가 합의안 덕분에 사용자들은 배가 도착하기 하루
전에 필요한 인력을 준비할 수 있었다. 따라서 인부들은 일
자리를 구하러 부두에 모일 필요가 없었고 배가 도착한 후
에 부두를 옮겨다니는 시간을 절약할 수 있었다. 합의안은
일없이 빈둥대며 임금을 받는 일종의 절도범을 일소시켰으
며, 부두의 십장이 일자리를 구하는 사람들을 더 이상 차별
할 수 없었고 그들에게 보상이나 사례금을 요구할 수도 없
게 되었다.

1967년의 철도파업 : 중재위원회에서의 협상

내가 법률로 정해진 5인 중재위원회의 한 사람으로 참여했던 1967년 철도파업에서도 위원들간에 협상이 있었다. 존슨 대통령은 법률에 의해서 중재위원회의 위원을 지명할 권한을 갖고 있었다. 존슨 대통령은 나 이외에도 오리건주의 모스 상원의원, 조지 미니 미국 노동총연맹산업별회의 의장, 매사추세츠의 레버레트 살톤스톨 전(前) 상원의원, 미국 전신전화회사 회장을 역임한 프레데릭 카펠을 중재위원으로 선정했다.

파리의 한 호텔에서 한창 잠에 빠져 있던 새벽 4시, 나는 존슨 대통령의 전화에 잠을 깼다. 대통령은 내게 즉시 귀국해서 중재위원회에서 일할 수 있겠냐고 물었다. 나는 그날 아침 늦게 파리를 출발했다.

13만 7000명의 조합원을 가진 6개 직장노동조합─기관사, 판금공, 기계공, 전기공, 그 밖의 전문직공─이 철도파업을 시작한 후, 의회는 파업에 대응하기 위한 법률을 제정했다.

그 분쟁은 전형적인 '일심동체' 현상이었다. 가장 최근의 협상에서 철도승무원조합은 향후 2년간 임금을 매년 5%씩 인상하기로 합의하는 적잖은 승리를 얻어낸 상태였지만 문제의 6개 직장노조원은 그 이상의 인상을 얻어내야 한다고 주장했다. 한편 철도회사측은 모든 노동조합에 똑같은 인상률을 고집했다. 6개 노동조합에게 더 높은 인상률을 적용할 경우 다른 단체들에서도 그렇게 요구할 것이 뻔했기 때문이었다.

하나 이상의 노동조합고 협상하는 기업이나, 둘 이상의 기업과 협상하는 노동조합들은 언제나 '일심동체론'을 고려하지 않을 수 없다. 그러나 로이 시밀러 회장의 국제기계공연맹 산하 6개 직장노동조합은 그 관례를 깨뜨리고자 했다.

5인 중재위원회가 이 분쟁에 끼어든 최초의 위원회는 아니었다. 우리가 개입하기 이전에 이 분쟁의 조정 역할을 맡았던 위기관리위원회는 관례를 지키는 편이 낫다고 권고했지만, 6개 노동조합은 단호히 거부하고 말았다.

당시 하버드대학의 존 던롭 교수(훗날 노동부 장관을 지냄)가 이 분쟁의 조정자였다. 양측의 주장을 들은 후 던롭 교수는 18개월 동안 6%의 인상을 권고했다. 던롭의 전략은 교묘했다. 첫 12개월 동안에는 6개 노동조합에 승두원조합보다 많은 것을 주겠지만, 다음 6개월 동안에는 더 적게 주겠다는 제안이었다. 따라서 2년을 계약한 승무원조합과 균형을 맞추기 위해 남은 6개월의 인상률을 협상하면 그만이었다. 그러나 던롭의 제안은 양측 모두에게 거부당하고 말았다. 철도회사측은 그 제안이 기존의 관례에서 벗어난 것이라는 이유에서였고, 직장노동조합은 승무원들이 협상한 것보다 2년 동안 더 많은 것을 얻어내겠다는 고집 때문이었다.

던롭의 제안이 거부당한 후 의회는 양측 모두에게 18개월 동안 6%의 인상률에 동의하지 않는 이유를 중재위원회에 설명하도록 하는 법을 통과시켰다. 의회는 또한 승무원과의 협상처럼 양측의 협상도 24개월 계약이어야 한다고 못박았다. 중재위원회가 18개월 이후 6개월간의 임금 인상률을 결정해야 한다는 뜻이었다.

우리는 청문회를 열어 증언을 들었다. 그런데 양측의 협상에서 중재위원들간의 협상으로 초점이 옮겨갔다. 과반수에 해당되는 셋이면 판결을 내릴 수 있었지만, 만장일치가 훨씬 바람직한 것이었다. 중재위원들 중에서 나는 단체교섭에 적극적으로 참여했던 유일한 위원이었던 까닭에, 적절한 해결책이라 생각되는 방안을 가장 먼저 제시할 수밖에 없었다.

나는 18개월 동안 6%의 인상률이 변경되어야 할 합당한 이유나 2년간 매년 연간 총 5%의 인상률을 상회해야 할 설득력 있는 주장을 들어본 적이 없다고 말문을 열었다. 살톤스톨 상원의원과 카펠이 고개를 끄덕이며 내 주장에 동의했고, 조지 미니와 웨인 모스는 남은 6개월에 대한 처리방안을 묵묵히 기다렸다.

나는 계속해서 말했다. 합의안에 따라 승무원들이 받게 되는 액수에 상응하는 판결을 우리가 내리려 한다면, 문제의 6개월에 대해서 6%의 인상률을 인정하는 것으로 판결 내려야 한다고 말했다. 다시 말해서 18개월 동안에 총 6%의 인상률을 적용하고 그 이후의 6개월에도 추가적으로 6%의 인상률을 적용하는 것으로 판정하자는 제안이었다.

그러자 살톤스톨 상원의원이 어리둥절한 표정을 지으며

물었다.

"당신은 2년 동안 5%-5%의 인상률을 유지하자고 말하지 않았소? 그렇다면 처음 18개월 동안 6%가 인상된다면 다음 6개월간은 4%가 되어야 하는 것이 아니오?"

내 대답은 간단했다. "18개월간 6% 인상과 그 후 6개월간 6%의 인상으로 직장 노동조합원이 받게 되는 액수는 승무원이 2년간 5%-5%의 합의안으로 받게 되는 2년 **동안**의 액수와 똑같다"는 것이었다.

여기에서 '동안'을 특히 강조한 이유는 다름이 아니라, 내가 중재위원들에게 제시했던 비교치는 2년 동안 지불되는 실제 액수에만 적용되는 것이지, 2년이 지난 후의 임금 액수에 적용되는 것이 아니었기 때문이다.

나는 설명을 계속했다. 6개 직장노동조합원이 받는 인상액은 승무원과 똑같겠지만, 6%-6%의 인상률은 다음 협상에서 그들이 더 높은 기준점에서 시작할 수 있다는 이점을 안겨주었다. 게다가 변화를 요구하고 파괴하는 것보다 관례를 지키는 것이 더욱 쉬운 일이기 때문에 6%-6%의 인상안은 또 다른 이점을 가질 수 있었다. 바로 이런 이유로 나는 18개월 동안 6%의 인상률과 남은 6개월간에도 6%의 인상률을 제안하는 것이라고 말했다.

내 수학적 계산이 살톤스톨 의원을 납득시켰는지 확신할 수는 없다. 실제로 《뉴욕 타임스》의 한 논설위원은 나와 두 번이나 통화를 한 후에도 대통령이 적극 권장하고 있던 자유의지에 따른 임금안정 법칙을 우리가 위배한 것이 아니

냐고 의심할 정도였다. 어쨌든 우리 위원회는 만장일치로
내 제안을 통과시켰고, 철도회사와 여섯 직장 노동조합도
만족해 하는 모습이었다. 그리고 그것으로 분쟁은 끝났다.

실제 협상과 위장 협상의 실례

1962년부터 1991년까지 나는 뉴욕시 언론사에서 발생한
상당수의 노사분쟁에 빠짐없이 관여했다. 컴퓨터가 활자를
대체하고 공중파와 케이블 텔레비전이 인쇄 매체에 도전하
면서, 출판업이 엄청난 변화를 겪는 시기였다. 이 기간 동
안 6개 이상의 신문사가 폐간되었는데, 호레이스 그릴레이
가 19세기 초에 창간했던 《뉴욕 헤럴드 트리뷴》도 노동조
합과의 협상 과정에서 발행인의 진실된 의도가 의심받아—
아래에서 자세히 살펴보자—폐간되고 말았다.

《뉴욕 데일리 뉴스》는 한때 미국에서 발행 부수가 가장
많은 신문이었지만 발행인의 의도가 미심쩍다는 이유로—
이 상황에 대해서도 아래에서 살펴볼 것이다 — 소유주가
시카고 트리뷴사에서 로버트 맥스웰로 바뀌었다.

내 생각이지만, 두 신문사의 발행인들은 실제로 신문을
계속 발간할 의도가 없었던 것으로 보인다. 하지만 두 사람
모두 세계에서 가장 중요한 언론 도시에서 신문사를 성공
적으로 운영해내지 못했다는 사실을 인정하고 싶지 않았던
것이다.

《뉴욕 헤럴드 트리뷴》의 부적절한 폐간

영리한 투자자 존 헤이 '조크' 휘트니는 1958년에 《뉴욕 헤럴드 트리뷴》을 사들였다. 투자와는 무관하게 친구이던 정치 평론가 존 레이건 '텍스' 맥크레리의 고집에 부응해준 것이었다. 당시 준미에서는 불간섭주의가 맹렬히 불어닥치고 있었지만 맥크레리는 《뉴욕 헤럴드 트리뷴》의 온건 공화주의 목소리를 누그러뜨리고 싶지 않았다. 그러나 휘트니는 《뉴욕 헤럴드 트리뷴》을 최대 라이벌이던 《뉴욕 타임스》의 유력한 경쟁지로 부상시키기 위해 필요한 자금을 투자할 준비가 전혀 되어 있지 않았다. 이처럼 어중간한 자세로 신문사에 투자한 결과는 존 린제이가 시장으로 출마하겠다고 나섰을 때 극명하게 드러났다. 당시 휘트니는 물론이고 그가 사들인 《뉴욕 헤럴드 트리뷴》도 린제이의 시장 출마를 적극 지지하고 있었다.

린제이가 출마를 선언할 시점을 고민하고 있던 중 그의 선거참모이던 로버트 프라이스는 《뉴욕 타임스》에 출마 성명문을 독점기사로 제공하는 대신에 1면 기사로 실어달라고 제안했다. 《뉴욕 타임스》의 당시 편집주간이던 A. M. 로젠탈은 "원칙적으로 그런 조건을 수용할 수 없다"고 프라이스에게 답변했지만, 린제이 정도의 자질을 가진 사람이 시장 출마를 결심할 경우 1면 기사로 다룰 만큼의 가치를 지닌 정보라고 생각한다는 은근한 승락을 덧붙였다. 그래서 프라이스는 《뉴욕 타임스》에 그 정보를 '누설'했고, 일급 정치부 기자이던 클레이튼 노울즈가 그 기사를 책임지게 되었다.

저녁 9시가 지나면 《뉴욕 헤럴드 트리뷴》이 후속 기사를 쓸 수 없을 것이란 판단에 《뉴욕 타임스》는 그 기사를 1판에서 제외시켰다. 《뉴욕 헤럴드 트리뷴》이 《뉴욕 타임스》의 기사를 뒤따라 오기에는 시간이 부족한 저녁 늦게 노울즈는 린제이의 결정에 대한 의견을 물으려 휘트니의 집으로 전화를 걸었다. 집사는 휘트니가 잠자리에 들었다고 대답했다.

노울즈는 회심의 미소를 지으며 집사에게 말했다.

"그럼, 깨어나시거든 린제이가 시장 출마를 선언했다고 전해주십시오."

다음날 아침 린제이가 선거 자금과 전략을 구상하려 휘트니의 사무실에 도착했을 때 휘트니는 분을 참지 못하고 버럭 화를 냈다. 하지만 이미 마음의 결정은 내려진 뒤였다. 그는 《뉴욕 헤럴드 트리뷴》을 《뉴욕 타임스》의 실질적인 경쟁지로 키우는 데 필요한 투자를 하고 싶은 의욕을 완전히 상실하고 말았다.

뉴욕의 신문사들이 114일 동안이나 휴간할 수밖에 없었던 1962~63년의 파업이 끝났을 때, 휘트니가 지명한 《뉴욕 헤럴드 트리뷴》의 발행인은 《뉴욕 타임스》와의 합병을 논의하는 자리에 참석할 수 있게 해 달라고 나에게 요청했다. 휘트니는 《뉴욕 타임스》가 《뉴욕 헤럴드 트리뷴》을 인수해서 석간으로 바꾸고, 두 신문을 43번가의 공장에서 인쇄하고, 자신을 《뉴욕 헤럴드 트리뷴》의 종신 발행인으로 허락해준다면《뉴욕 헤럴드 트리뷴》을《뉴욕 타임스》에 단돈 1달러에 팔겠다고 제안한 뒤였다. 그 조건을 수락한다면《뉴욕 헤럴드 트리뷴》은 바라던 대로《뉴욕 타임스》의 소유가 되는 것이었다. 《뉴욕 타임스》는 면밀한 검토 끝에 한 공장에서 두 신문을 효율적으로 인쇄할 수 없을 것이란 이유로 휘트니의 제안을 거부했다.

그러나 테일러의 도움으로 휘트니는《뉴욕 헤럴드 트리뷴》의 소유권을 최소화시킬 방법을 계속 모색하고 있었다. 그는 당시《뉴욕 포스트》의 사주이던 도로시 쉬프에게도 합병을 권했지만 아무런 성과도 얻지 못했다. 마침내 휘트니는 스크립스 하워드가 사주인《월드 텔레그램》과《선》, 그리고 허스트가 사주이던《뉴욕 저널 아메리카》와 3자 합병을 이루는 데 성공했다. 원래 계획은 세 신문을 하나의 석간 신문으로 만드는 것이었지만 테일러는 다른 생각을 품고 있었다. 즉 하워드와 허스트가 조간(朝刊)으로는《뉴욕 타임스》와《뉴욕 데일리 뉴스》에 도저히 경쟁할 수 없을 것이라 생각하더라도, 휘트니가《뉴욕 헤럴드 트리뷴》을 조간으로 계속 발행하는 것에 반대하지 않을 것이란 확신이었다. 그래서 2년을 실험 삼아《뉴욕 헤럴드 트리뷴》을 조간으로 발간해서 발생하는 적자분을 개인적으로 메워주고 그 후에도 흑자로 돌아서지 못할 경우엔 신문을 폐간하겠다는 테일러의 제안을 허스트와 하워드가 승낙했다.

새로운 신문 발행은 노동조합과 지루한 협상 때문에 자꾸 연기되었다. 그 결과, 합병된 회사는 세 파트너가 합병을 위해서 출자한 현금과 설비 및 지출에서 400만 달러의 손실을 보았다. 그러나 휘트니는 추가 출자를 거부했다. 결국 두 사람은 휘트니의 도움 없이 회사를 끌어갔다. 나는 휘트니, 테일러와 회담을 가진 후 그들이 《뉴욕 헤럴드 트리뷴》을 살릴 의도가 전혀 없음을 확인할 수 있었다. 하지만 파산이란 멍에가 그들에게 씌워지는 것을 모면하고 싶은 것은 분명했다. 다른 두 신문사도 수 개월 동안 처절하게 싸웠지만 결국 포기하고 말았다. 그렇게 세 신문이 소리 없이 사라져버렸고, 휘트니는 온건 공화주의 올가미에서 벗어날 수 있었다.

노동조합이 파산의 주역으로 지목되었지만 실제 원인은 구식 장비를 대체하도록 투자를 유인할 만한 시장의 동기가 없었던 것이다.

《뉴욕 데일리 뉴스》의 기상천외한 매매사건

1919년 시카고 트리뷴사가 창간한 《뉴욕 데일리 뉴스》는 꾸준히 발전하고 있었고, 창립자 가족의 일원이던 로버트 패터슨 대령의 지휘 아래 독립된 기업으로 운영되었다. 또한 시카고 트리뷴사는 이익금이 송금되는 한 경영에 간섭할 이유가 없었다.

1970년대 말 《뉴욕 데일리 뉴스》의 경영자이던 조셉 E. 바레타는 시카고 트리뷴사의 회장이자 최고 경영자이던 스태튼 R. 쿡에게 《뉴욕 데일리 뉴스》가 적자를 보고 있으며 가까운 장래에 적자가 눈덩이처럼 불어날 것"이라고 말했다. 나중에야 알았지만, 시카고 트리뷴사는 살로먼 브라더스 투자 은행을 통해서 주력 회사인 《뉴욕 데일리 뉴스》가 적자에 허덕이고 그 적자가 계속해서 불어나는 한 시카고 트리뷴사를 공개할 수 없을 것이란 조언을 받고 있었다.

시카고 트리뷴사는 그런 불길한 조짐이 있다는 사실을 인정하지 않은 채 발행인을 교체하고 석간 신문 하나를 새로 창간했다. 그러나 어떤 수단을 동원해도 적자를 메울 수는 없었다. 결국 약 2000만 달러의 손실을 본 후에야 그 석간 신문은 폐간되었다.

새로 영입된 발행인 로버트 헌트는 노동조합에 도움을 청했다. 신문사 노동조합 연합회 회장이던 조지 E. 맥도널드를 비롯해서 우리는, 신문사가 재정적 어려움에 빠져 있다는 사실을 노동조합이 믿어줄 가능성이 거의 없기 때문에 노동조합이 지명한 회계사에게 회계장부를 열람하도록 허락하는 것이 현명한 판단일 것이라고 조언해주었다. 노동조합이 8대 굴지의 회계회사 중 하나를 선정하고, 그 회계회사가 결과를 외부로 발설하지 않는다고 약속해준다는 조건에서 헌트는 우리의 조언을 수락했다. 노동조합도 《뉴욕 데일리 뉴스》가 비용을 부담한다는 조건에서 수락했다. 이런 합의 하에 노동조합은 당시 최대 회계회사이던 '피트 마위크'사를 선정했다. 피트 마위크사의 대표가 노동조합과 실무회담을 갖고 회사가 심각한 재정적 곤란을 겪고 있다는 사실을 설명하자 노동조합도 회사의 실정을 믿게 되었다. 그때 헌트는 구조조정계획을 이미 완료했지만, 그 계획을 노동조합에 알리기 전에 시카고 트리뷴사의 정식 인정을 얻으려 시카고로 향했다.

시카고 트리뷴사는 노동조합에 아무런 통지도 없이, 헌트의 계획안을 재가하는 대신에 《뉴욕 데일리 뉴스》를 매각하겠다고 발표해버렸다. 그러나 거의 2억 달러로 추정되던 《뉴욕 데일리 뉴스》의 누적된 부채에 구매자로 나서는 사람이 없었다. 결국 시카고 트리뷴사는 방향을 선회해서 《뉴욕 데일리 뉴스》의 매각을 포기하고, 노동조합에 도움을 청했다. 《뉴욕 데일리 뉴스》를 살리려면 시카고 트리뷴사가 성공적으로 주식을 매각할 수 있도록 노동조합이 엄청난 양보를 해야만 했다. 매각의 한 방편으로 500대 1로 분할한 《뉴욕 데일리 뉴스》의 주식은 아주 유리한 가격으로 팔렸다. 분할로 많은 주식을 소유하게 된 임원들도 상당한 혜택을 보았다.

시카코 트리뷴사의 임원들은 새로운 공장과 설비에 투자하겠다고 노동조합에 약속했지만 그들은 약속을 지키지 않았다. 《뉴욕 데일리 뉴스》를 그대로 살려두기는 했지만 많은 자산을 팔아넘겼고 노동조합에게는 계속해서 양보를 요구했다. 시간이 지나면서 《뉴욕 데일리 뉴스》는 다시 적자에 허덕이기 시작했다. 신문을 폐간하는 수밖에 없었다. 그러나 그렇게 할 경우 시카고 트리뷴사가 부채를 떠안아야만 했다. 게다가 뉴욕에서 신문사를 성공적으로 운영하지 못했다는 경영 실패를 인정하고 싶지도 않았다.

1989년 온화한 성격의 스탠튼 쿡이 최고 경영자에서 물러나고 찰스 브룸백이 영입되었다. 전직 회계사였던 브룸백은 극적인 반전이 있어야만 한다는 사실을 잘 알고 있었다. 그의 지시대로 《뉴욕 데일리 뉴스》는 테네시 출신의 변호사 로버트 발로우를 고용했다. 신문사 노동조합을 여러 번 굴복시킨 화려한 경력의 소유자였다. 《뉴욕 데일리 뉴스》는 그에게 전권을 위임하며 10개 노동조합과 단체교섭을 벌이도록 했다. 전통적인 관례에 따라 서너 개의 노동조합에서 그들의 지도자에게 협상이 결렬될 경우 파업을 선언할 권한까지 주었다. 한편 발로우는 파업할 경우 '대체 인력'을 모집하고 그들에게 '정규직'을 제안하는 광고의 구실거리로 노동조합의 이런 전통적 전술을 들먹였다.

수천 명의 실직자들이 원서를 제출했고, 장래에 대체인력으로 활용할 사람들의 이름과 주소가 넉넉히 확보되었다. 협상이 마침내 본격적으로 진행되자 발로우는 노동조합에게 종업원의 이익을 대변하는 의무까지 포기하도록 요구해왔다. 무조건 항복에 동의하라는 것과 마찬가지였다.

또한 《뉴욕 데일리 뉴스》는 뉴욕시의 여론을 주도하는 층에게 지지를 얻으려 홍보 전문가까지 고용했다. 그 홍보 전문가는 협상이 시작되기 수개월 전 《허영의 시장(Vanity Fair)》에, 《뉴욕 데일리 뉴스》가 노동조합과 처절한 전정을 벌이게 될 것이라 예언하는 기사를 썼던 사람이었다.

그는 노동조합을 혹평하는 정보지를 정치·사회·종교계 지도자들에게 무차별 배포했다. 오코너 추기경도 그 정보지를 받았던 지도자 중 하나였다. 하지만 오코너 추기경은 정보지를 면밀히 검토한 끝에 노동조합을 지원하기로 분연히 나섰다.

발로우가 종업원들에게 파업을 하도록 은근히 자극한다는 사실이 협상 과정에서 분명해졌다. 대체직원을 고용해서 그 자리를 채우려는 전략이었다. 시카고 트리뷴사가 그런 생각을 품고 있다는 사실을 알게 되자 노동조합은 파업으로 오해받을 만한 어떤 행위도 하지 않겠다는 결의안을 정식으로 통과시켰다. 그러나 《뉴욕 데일리 뉴스》는 한밤중에 일어난 소규모 공장의 분쟁을 '파업'이라 선언하며 파업에 가담한 직원들을 상근 대체직원으로 채우겠다고 나섰고, 그 즉시 파업 파괴자들이 버스를 나눠 타고 공장으로 달려가 일자리를 메웠다. 나중에 전국노사관계위원회의 행정 심판관은 《뉴욕 데일리 뉴스》가 실제로 종업원들을 축출했음을 확인할 수 있었다.

10개의 노동조합과 《뉴욕 데일리 뉴스》 간의 유혈전쟁은 1991년 시카고 트리뷴사가 《뉴욕 데일리 뉴스》를 로버트 맥스웰에게 6000만 달러에 매각하면서 종결되었다. 그러나 놀라운 사실은 파는 사람이 사는 사람에게 6000만 달러를 지불했다는 점이다.

이 기상천외한 거래가 가능했던 이유는 처절한 전투가 한참 진행중일 때 퍼만 · 셸츠 · 메이거 · 디츠—버니 투자 저축은행에서 발표한 보고서의 놀라운 결론 때문이었다. 즉 《뉴욕 데일리 뉴스》가 노동조합을 압도할 때에는 시카고 트리뷴사의 주가가 상승한 반면, 《뉴욕 데일리 뉴스》가

전투에서 패할 때에는 시카고 트리뷴사의 주가가 하락했던 것이다. 이 보고서의 작성자는 당시 《뉴욕 데일리 뉴스》의 발행인이던 제임스 호그와의 인터뷰로 그 결론을 뒷받침해 주었다. 이런 결론과 더불어, 퍼만―셸츠사는 고객들에게 시카고 트리뷴사의 주식을 매입하라고 적극 권했다. 예상대로 맥스웰에게 《뉴욕 데일리 뉴스》를 넘겼다는 소식이 발표되자 시카고 트리뷴사의 주가는 상승하기 시작했다. 맥스웰이 1991년 3월 21일 《뉴욕 데일리 뉴스》를 정식으로 인수했을 즈음 시카고 트리뷴사의 주식 평가액은 10억 달러를 넘어서고 있었다.

아이러니하게도, 《뉴욕 데일리 뉴스》는 대체직원을 정규직원으로 채용하겠다고 약속했지만 시카고 트리뷴사는 맥스웰에게 신문사를 인수할 경우 대체직원에 대한 해고권을 인정하겠다고 약속했다. 대체직원들은 일자리에서 쫓겨나면서 인쇄공장의 배선을 훼손했고, 그 때문에 《뉴욕 데일리 뉴스》의 복간은 더틀이나 지연되었다.

TEN COMMANDMENTS

중재자를 위한 십계명

1. 양측이 당신에게 제시한 기준에 맞추어 분쟁을 판결하라. 당신에게 적용하도록 요청받은 기준을 벗어나 당신의 개인적 판단으로 분쟁을 판결하지 말라. 단지 양측의 차이를 드러내는 것에 그친다면, 그것은 책임회피이다.
2. 계약에 따른 양측의 권리가 충돌하는 분쟁이라면, 계약서의 내용을 해석하고 적용하는 것에서 그치도록 하라. 계약 조항을 첨삭하거나 수정할 권한이 당신에게는 없다.
3. 이해관계의 충돌에 따른 분쟁이라면, 분쟁 당사자들이 중재에 넘기면서 제출한 약정서의 기준에 따르도록 하라.
4. 검은 법복을 입고 높은 자리에 앉아 있지는 않지만 판사처럼 행동하라.
5. 한쪽이 없는 곳에서 다른 한쪽만을 상대로 말하지 말라. 중재에 관련되지 않는 이야기조차도 마찬가지다. 중재에 관련된 문제를 이야기한다면 그야말로 최악이다.

6. 기회가 닿는 대로 조정자의 역할까지 해내라. 그러나 최종판결을 내릴 당신의 신분에 해가 될 것이라 생각될 때에는 조정을 위한 어떤 발언이나 행동도 하지 말라.

7. 당신의 결정과 의견을 해당 사건에 국한시켜라. 부수적인 설명은 삼가하라(법률가들이 '부수적 의견'이라 칭하는 것을 삼가하라).

8. 중재와 관계없는 사람이 양측 모두의 동의 없이 청문회에 참석하는 것을 허락치 말라.

9. 양측 모두의 동의가 없으면 당신의 결정을 누구에게도 발설하지 말라.

10. 당신이 받을 보수를 미리 결정하라.

IV부
자유의지적 분쟁해결기법들

법의 한계와 자유의지적 기법

자유의지적 기법을 권장하는 노동법

1935년에 제정되고 1947년에 수정된 연방노동관계법은 민간분야에서 노사가 준수해야 할 협상 방법을 규정하고 있다. 1935년의 법안에서는 사용자에게 과반수의 노동자가 선택한 노동조합과 의무적으로 협상하도록 규정하고 있지만, 수정안에서는 노동조합에게도 유사한 의무를 지우고 있다.

현 노동법에서는 단체교섭을 "고용주와 고용인 대표가 합리적인 시간에 만나서 신의와 성실을 원칙으로 임금, 노동시간 등 고용에 관련된 규정이나 조건에 대해 논의해야 하는 상호적 의무"라고 정의하고 있다. 또한 단체교섭에 "합의 혹은 합의과정에서 제기되는 문제의 협상, 또한 합의에 이른 사항을 구체화하기 위한 성문화 작업"까지를 포함시키고 있다.

이런 점에서 노동법은 단체교섭을 협상과 동일한 것으로 해석하며 단체교섭과 협상 모두에서 분쟁 당사자들이 이의를 제기할 권리까지 인정하고 있다. 한편 노동법은 단체교섭의 의무에 대해 "어느 한쪽에게 제안의 동의를 강제하거나 양보를 요구하는 것은 아니다"라고 명문화하고 있다. 또 협상이 교착 상태에 빠질 경우 양측 모두에게 일방적 행위로 이의를 제기할 권리를 보장해주고 있다. 말하자면 노동조합이 파업을 단행할 권리로, 노동자(들)이 '일터를 떠나는 것'을 불법적 행위로 해석될 수 없다고 규정함으로써 파업의 권리를 보장하고 있는 것이다.

판례로 확인되었듯이 노동법은 사용자들에게도 직장을 폐쇄하거나 신의와 성실로 협상했다는 조건 하에서 교착 상태에서도 그들이 요구한 규정이나 조건을 일방적으로 강요함으로써, 이의를 제기할 권리를 인정해주고 있다.

이의를 제기할 권리는 분쟁 당사자들이 그 권리를 실천하는 힘에 따라서 효과가 달라진다. 말하자면 협상력과 수완 그리고 당시의 경제·사회·정치적인 조건에 따라 달라진다. 실업률이 높을 때에는 사용자가 상대적으로 유리한 입장이지만, 노동력의 공급이 부족할 때는 노동조합이 주도권을 쥘 수 있다. 물론 협상 결과에 영향을 미칠 수 있는 요인은 그 밖에도 많다.

1947년 수정된 노동법은 전국노사관계위원회(NLRB)를 분쟁 당사자 모두에게 신의와 성실로 협상에 임하도록 강제하는 심판관으로 앞세워 교섭이나 협상이 평탄한 운동장에서 진행될 수 있도록 하려 했다. 하지만 현실은 그렇지 못해 어느 한쪽이 우세한 협상력을 갖기 마련이다. 초창기에는 대부분의 분규에서 노동조합이 주도권을 쥐었지만, 요즘에는 대부분 사용자들이 유리한 입장에 있다.

NLRB가 노동법을 집행하는 방법에 대해서 노동조합과 사용자는 번갈아가며 불단을 터뜨리기도 했으며, 자신들에게 불리한 조항을 개정하려 의회에 로비를 하기도 했다. 경제적 이유로 파업시에 대체직을 상근직으로 허용할 권리를 사용자에게 허락했던 1938년 연방 대법원의 판결이 최근에 적용되었을 때, 노동조합은 큰 타격을 받았다. 레이건 행정부가 출범했을때 파업을 감행했던 1만 5000명의 항공기 관제요원들에 그 단례를 적극 적용해, 그들 대부분이 교체되지 않았던가! 파업에 참여한 연방 직원은 지위고하를 막론하고 재고용을 금지하는 연방법에 따라 관제요원을 대체할 수 있는 권한이 레이건에게 위임되어 있었던 것이다. 하지만 민간분야에서는 그에 해당되는 법이 없다.

또한 노사분쟁에서 강제명령을 금지하는 노리스-라가디아법(The Norris-La Guardia Act) 조항에도 불구하고, 단체교섭안에서 불만의 중재를 규정한 분쟁의 경우 법원은 파업이나 직장폐쇄를 강제명령으로 금지할 수 있다는 연방 대법원의 판례도 있다. 이 판례에서, 파업이나 직장폐쇄에 대한 특별한 언질이 없을 때에도 단체교섭안에 불만의 중재를 규정한 조항이 있을 경우 파업이나 직장폐쇄를 금지할 수 있다는 추론이 가능하다.

요컨대 현재 미국에서 실행중인 노사관계법은 기업측과 노동조합에게 대처법을 포괄적으로 지침해주는 장치이다. 따라서 노동조합을 조직하는 첫 단계부터 단체교섭의 체결과 갱신까지 노사관계 전체를 포괄할 뿐 아니라, 조정과 중재 그리고 행정기관이나 법정소송을 통한 재심과 강제명령까지 망라하고 있다.

노동법 조항들은 기업과 노동조합 그리고 NLRB와 법정이 오랫동안 시행착오를 겪으면서 터득한 분쟁방지법과 그 해결법을 거의 포괄하고 있다. 따라서 경험의 포괄적 집합체인 노동법은 집단간의 분쟁예방과 해결을 위한 수단을 비교하고 분석하는 데 유용한 모델이라는 결론을 내릴 수 있다. 내가 직접 관여한 노사분쟁과 더불어 노사의 실제 단체교섭 과정을 이 책에서 자주 인용한 데서 이런 결론이 충분히 설명되었을 것으로 보인다.

그러나 시간이 지나면 역동적인 인간관계의 재조정은 불가피하다. 단체교섭안의 협상과 재협상은 기업과 노동조합에게 그들의 관계를 창의적으로 재조정할 기회를 정기적으로 제공해준다. 전통적으로 협상은 첨예하게 대립된 의견에서 시작하지만 단체교섭안에서는 양측 관계의 안정을 보장해주는 조항, 즉 파업과 직장폐쇄를 금지하는 합의에 이르면서 마무리되는 것이 보통이다. 또한 이런 재협상은 어려운 문제들에도 새로운 해결책을 제시해줄 수 있다.

노동법은 단체교섭안의 조항에 대한 협상이 교착 상태에 빠질 때 조정을 허용하고 있다. 앞에서도 언급했듯이 교착 상태에 빠진 협상가들은 조정을 직접 신청하기를 꺼린다. 그런 제안을 상대가 약점의 징후로 생각할지도 모른다는 우려 때문이다. 따라서 노동법에서는 단체교섭안이 만료되기 60일 이전에 연방 중재 및 화해국이나 주(州) 단위의 조정기관에 통지해서 늦어도 만료일 30일 전부터 본격적인 조정에 나서도록 규정함으로써 이 문제를 해결하고 있다.

철강 노동자의 3대 비극으로 알려진 유명한 세 건의 판결에서 연방 대법원이 확인해주었듯이, 노동법은 단체교섭안을 노동현장의 법으로 해석하면서 교섭안이 유효한 동안 불만이 제기될 때에는 중재를 적극 권장한다. 또한 분쟁 당사자인 양측 모두가 원할 경우 이해관계 분쟁을 자유의지적 중재에 부치는 것을 허용하고 있다.

1947년에 수정된 이후로 NLRB는 협상, 조정, 중재에 부쳐진 수천 건의 사건들에 대해 다양한 판결을 내렸다. 또한 법원은 NLRB의 결정을 재심의하면서 필요한 판결을 내려주었고, 기업과 노동조합은 그 판결을 행동 지침으로 삼아왔다. 나는 개인적으로 분쟁해결을 위한 자유의지적 기법이 특수한 상황에서 사용되는 방법에 이런 경험들이 상당히 도움을 줄 수 있으리라 생각한다. 사용자와 노동조합에게 신의와 성실로 협상하기를 요구하는 법조문을 넘어서, 연방노사관계법은 분쟁해결을 위한 자유의지적 수단을 긍정적으로 권장하고 있기 때문이다.

이 장과 다음 장에서는 법의 규정이 노동자와 기업측이 서로 협상하는 자세에 예의적으로 악영향을 미친 세 가지

사건을 분석해보려 한다. 또 이런 사례를 바탕으로 분쟁해결에서 자유의지적 기법의 유용성을 다시 한 번 강조하려 한다.

공공직 근로자의 파업권을 제한한 법

일반적으로 민간분야와 달리 공공분야의 파업은 법률이나 법원의 결정으로 금지되며, 사용자측인 정부기관에게도 신의와 성실로 협상했더라도 직장폐쇄를 단행하거나 고용조건의 변화를 일방적으로 강요할 권리가 제한되어 있다. 공공분야에서 노동자와 자치단체에 이처럼 이의를 제기할 권리를 제한한 결과, 우리는 분쟁해결기법을 한 단계 발전시키는 실질적 경험을 축적할 수 있었다.

공공분야의 사용자와 노동자는 이의를 제기할 절대적인 권리가 없는 데 대한 대체 전략을 구상해왔다. 공공분야에서의 상호 토론도 일종의 협상이라 하기에 충분하지만 이런 토론이 민간분야에서 노사협상이라는 의미로 사용되는 단체교섭의 요건이 되느냐 하는 문제는 아직 논란중이다.

민간분야에서 파업은 사용자가 현상을 타파하려는 노동자들의 요구를 거부할 때, 노동자들이 이의를 제기할 권리를 과시하는 가장 확실한 방법이다.

한편 사용자측은 노동자의 파업권에 해당하는 권리로서 현상을 타파하며 변화를 일방적으로 강요할 수 있다. 이처럼 노동자의 파업권과 신의와 성실로 협상한 후 일방적으로 행동할 사용자의 권리가 민간분야에서 단체교섭이라 불리는 협상의 근간을 이루고 있는 것이 요즘의 현실이다.

공공직 근로자의 파업 금지가 교섭에 미치는 영향

공공분야에서, 공공직 근로자가 사용자인 정부의 뜻에 반발하여 파업할 권리는 관습법상 불법적인 것으로 간주되어 왔다. 1947년 노사관계법(태프트-하틀리법)이 수정되어 민간분야의 노동자들에게 단체를 조직해서 단체로 교섭할 권리가 보장된 후, 공공직 근로자들에게까지 이 권리가 보장되기 전까지 파업권이 법으로 금지되어 있지는 않았다. 그런데 1935년의 연방노사관계법(와그너법으로 알려져 있음)을 대대적으로 수정한 1947년의 노사관계법은 현재 우리가 활용하고 있는 협상 모델의 모태라 할 수 있다.

현재 미국 대부분의 법원 관할 지역—즉, 정부단위라 할 수 있는 연방, 주, 시—에서 파업권은 성문화된 법규로 금지되어 있다.

과거에는 공공분야에도 노동자 단체가 있었지만 스스로를 노동조합이 아닌 연합회라 칭하며 파업에 난색을 표하며 파업을 바람직하지 못한 대응수단이라 생각했다. 또한 민간분야에서 의미하는 단체교섭을 고집하지도 않았다. 공무원의 임금과 노동조건은 노동조합 대표와의 협상이 아닌 법률로 정해졌다. 따라서 대부분의 경우 공무원연합회는 로비를 통해서 그들의 요구를 관철시키는 방법을 택했다. 또 고용문제에 대해서 공공의 사용자를 만나 협의하기는 했지만, 파업할 권리를 암묵적으로 허용하는 단체교섭권을 주장한 경우는 거의 없었다.

1868년 의회는 모든 공무원의 하루 8시간 노동을 인정하는 법을 통과시켰고, 1883년에는 지금까지 연방직원을 채용하는 기본 지침으로 사용되는 공무원법을 제정했다. 같은 해 뉴욕주는 공무원법, 즉 공무원의 능력본위 임용제를 최초로 채택한 주가 되었다. 한편 뉴욕시 공무원 퇴직제는 공무원제도에 혁신적인 변화를 가져온 법률로 1920년 10월 1일에 제정되었고, 1921년에 입법화된 뉴욕 노동법 220조는 공무원에게 민간분야의 비슷한 업종과 유사한 임금을 보장받을 수 있도록 해주었다.

뉴욕주에서 공공직 근로자의 파업권을 최초로 금지한 법안은 1947년에 채택되었다. 버팔로에서 교사들이 파업을 일으킨 다음이었다. 당시 토마스 E. 듀이 주지사가 발의했던 이 법안은 공공직 근로자의 파업을 특별히 금지하는 내용으로 콘든-와들린법(Condon-Wadlin Law)이라 불렸다. 이 법안은 공공직 근로자가 파업에 가담할 경우 하루당 이틀치 임금을 삭감하는 벌금 조항까지 두고 있었다.

듀이 주지사는 그 법안에 서명하면서, 당시까지 공공직 근로자와 사용자의 관계에 관해서 일반적으로 인식되던 기준을 분명히 제시했다. 즉 공공직 근로자가 고용관계를 개선하기 위해서 사용자에게 청원할 권리, 선거운동을 통해 자신들이 지지하는 사용자를 당선시킬 권리, 그들에게 유리한 법안을 제정토록 의회에 로비할 권리를 인정했지만, 파업을 금지하는 것은 정당하다고 주장했다. 덧붙여 공공직 근로자는 불만을 해소하기 위해 사용자에게 청원할 때 그들을 대리할 대표를 선정할 권리, 즉 헌법에 의해서 모든 시민에게 보장된 권리를 갖는다고 말했다. 그러나 사용자의 결정이 언제나 최종적이란 사실을 강조했다. 다시 말해서 공공직 근로자에게 유일한 대안은 그 결정을 뒤집도록 의회에 로비하는 것이었다.

공공직 근로자가 실질적인 단체를 결성하려던 첫 시도는 1939년의 운송노동자연맹(TWU)이었다. 뉴욕시에서 운행 중이던 개인 소유의 두 지하철 업체—IRT와 BMT—를 뉴욕시 정부가 인수해서 직접 운영해왔던 IND와 합병했을 때였다. 이 합병으로 세 노선 모두를 운송위원회(나중에 운송국이 되었다)가 운영하게 되었다.

합병 이전에 IRT와 BMT의 직원들은 TWU를 대표로 선정해서 기업측과 단체교섭안을 체결했다. 그 교섭안은 민간분야에서의 노사합의와 유사한 것으로, TWU를 노동자의 유일한 교섭대표로 인정하는 조항까지 포함하고 있었다.

아이러니하게도, 옛 IRT와 BMT 직원들에게 시청 소속 공무원이 되었기 때문에 민간업체 시절 누리던 단체협상권을 갖지 못한다는 운송위원회의 입장을 재확인해준 사람은 바로 노동계의 절친한 친구로 널리 알려져 있던 피오렐로 H. 라가디아 시장이었다. 게다가 운송위원회는 노동자의 과반수를 대표하는 민간분야의 노동조합을 유일한 협상 대표로 인정하는 것이 위법이라고 결정했으며, TWU가 성문화된 단체교섭안, 유니언 숍, 체크 오프(급료에서 조합비를 공제하는 제도—옮긴이), 불만의 중재를 요구하는 것도 위법이라고 반대했다.

당연히 TWU는 완강하게 저항했다. 그러나 1941년 미국이 2차대전에 참전하고 전쟁이 걷잡을 수 없이 커지면서 공공직 노동자의 단체교섭권이라는 쟁점은 1945년까지 수면 아래로 가라앉을 수밖에 없었다. 결국 민간업체처럼 협상권도 없었고 단체교섭으로 보호받을 수도 없어 전쟁 기간 동안 TWU의 조합원은 급속히 줄었다.

조합원이 눈에 띄게 급감하자 불 같은 성격의 TWU 의장 마이크 퀼은 대담한 도박을 감행했다. 공공직 노동자 역사상 처음으로 시 전체에서 파업을 벌이겠다고 위협하며 TWU를 운송노동자의 유일한 대표로 인정해 달라고 요구한 것이다. 퀼의 파업 위협에 윌리엄 오드와이어 시장은 당시 RCA 회장이던 데이비드 사르노프를 의장으로 한 조정위원회를 구성했다. 시청에서 철야로 협상을 벌인 첫날, 다섯 명의 진상조사단에게 분쟁의 쟁점에 대한 판단을 맡긴다는 합의가 이루어졌다. 곧이어 뉴욕주 조정위원회 의장이던 아더 S. 메이어를 단장으로 한 진상조사단이 결성되었고, 나도 그 가운데 포함되었다. 우리는 청문회를 열었고, 공공분야의 교섭관계에서 교과서라는 찬사를 받았던 보고서를 결과물로 제출했다. 돌이켜 보면 그 보고서는 상당히 온건한 편이었다.

시청 고문변호사의 법적 조언에 따라, 우리는 독점 교섭권에 반대하는 입장이지만 TWU는 규모가 가장 큰 노동조합이기 때문에 최우선적으로 교섭권을 갖는다고 판결을 내렸다. 또한 우리는 계약을 성문화하는 것에는 반대했지만, 쌍방이 합의한 내용은 장래의 협상을 용이하게 하기 위해서 협상 기록에 남겨야 한다고 덧붙였다. 마찬가지로 불만의 중재, 유니언 숍, 조합원의 급료에서 조합비를 공제하는 체크-오프에는 반대했지만, 조언 형태의 비강제적 중재를 법적 대안으로 제시했다.

그 후 시간이 지남에 따라 많은 변화가 수반되어 TWU와 운송국(1951년 재편된 운송위원회의 후신)의 관계는 민간 분야의 단체교섭 모델과 상당히 가까워졌다. 콘든-와들린 법이 공공직 노동자의 파업을 금지하고 있었지만, TWU는 존 L. 루이스의 '계약 없이는 노동도 없다'는 유명한 전략과 운송국에 정말 행등으로 옮길지도 모른다는 두려움을 안겨주었던 마이크 퀼의 협박에 계속 의존하고 있었다.

그러는 동안 TWU의 전략은 전염병처럼 퍼져나갔다. TWU가 파업의 위협으로 얻어낸 혜택은 다른 공공 조직체에게도 매력적으로 보였다. 곧이어 교사, 위생직 종사자와 소방직 종사자가 단체교섭에 대해 거론하기 시작했고, 당연한 수순처럼 순찰직복지연합회를 결성하고 있던 경찰들도 그 뒤를 이었다. 이런 조직체의 대부분은 민간분야의 노동조합과 자신들을 구분하기 위해서 '연합회'라는 명칭을 사용했다. 결성 단계에서 이들 조직체는 파업권이나 단체교섭권을 주장하지 않았지만, 다른 공공 조직체에서 단체교섭권을 주장해 임금 인상과 복지향상을 얻어내는 것을 보자 파업권과 단체교섭권을 요구하기 시작했다. 그러나 기존의 권리, 즉 고용관계를 개선하기 위해서 사용자와 만나서 협의할 권리, 의회에 로비할 권리, 선거운동에 참여할 권리, 또한 임금의 균등화를 규정한 노동법 220조를 적용할 권리 등은 포기하지 않았다.

와그너 시장의 1958년 행정명령 — '작은 와그너법'

1954년 로버트 F. 와그너 주니어가 뉴욕 시장으로 당선되었다. 1958년 그는 아버지가 발의했던 연방노사관계법을 바탕으로 행정명령을 시행했는데, 당시 공공직 근로자들은 그것을 '작은 와그너법'이라 칭했다. 이것은 공공직 근로자들에게 단체결성권과 단체교섭권을 인정했지만 파업권에 대해서는 과거의 입장과 다름없는 행정명령이었다.

당연히 쟁점을 가진 조직체들이 저마다 인정받겠다고 나섰는데, 그 선정 기준도 모호하기 짝이 없었다. 그 결과 한때 시 당국은 무려 150개의 노동단체 대표와 상대해야만 했다. 다양한 집단들이 연대한 까닭에 현재 뉴욕시에서 관할하는 공공직 노동자들을 대표하는 핵심 노동단체는 여섯으로 줄어든 상태다. 경찰, 소방, 위생, 교사, 운송, 지방공무원연맹 제37구역이다. 특히 이 노동단체는 개별적으로 조직화되지 못한 집단들이 모여서 뒤늦게 결성된 조직이지만, 나중에는 뉴욕시에서 가장 규모가 큰 노동단체가 되었다.

와그너 시대에 우후죽순처럼 결성되었던 노동단체들은 존 V. 린제이가 와그너의 뒤를 이어 시장으로 당선되었던

1966년에 단체교섭권을 쟁취했다. 공공분야의 노동단체들이 점점 공격적으로 변하면서 암묵적으로 때로는 명시적으로 파업하겠다는 위협을 반복함으로써, 시 당국과의 관계는 민간분야에서 단체교섭관계에 근접하는 방향으로 발전되어 나갔다. 그러나 공공직 노동자의 파업권에 대해서는 눈에 띄는 변화가 없었다.

새해를 하루 앞둔 1965년 12월 31일 존 린제이는 취임서약을 하고 몇 시간이 지나지 않아 임금 인상 요구가 관철되지 않으면 버스와 지하철 파업에 돌입하겠다는 TWU의 위협에 직면해야 했다.

린제이 시장은 파업을 막기 위한 최후의 방안으로 중재를 제안했다. 하지만 TWU를 대표한 퀼은 그 제안을 일축하며 1966년 1월 1일 오전 5시부터 전격적으로 파업에 돌입했다. 물론 파업금지 명령을 위배한 죄목으로 퀼은 구속되었다. 교도소에서 심장마비를 일으킨 퀼은 그 후로 벨뷰병원에서 산소 마스크를 쓰고 지내야 했다. 뉴욕시의 교통을 마비시킨 파업이 11일째 되던 날, 린제이 시장은 조정위원회의 세 위원(나도 그 일원이었다)에게 분쟁해결을 위한 조언을 요청했다. 그러나 우리는 조정자로서 어떤 조언도 하지 않을 것이라는 합의를 양측 모두와 맺은 상태였다.

그래서 나는 우리가 적절하다고 생각하는 조건을 시장에게 충고할 수 있을 것이라 말했다. 물론 린제이 시장은 우리에게 그 조건이 무엇인지 물었고, 우리가 그 조건을 알려주자 즉시 대외적으로 발표했다. 숙련된 직원은 민간분야의 수준에 걸맞도록 큰 폭으로 인상해주고, 미숙련 직원에게도 같은 정도의 인상을 거부하지 말라는 내용이었다. 우리가 제시한 조건을 양측 모두가 받아들이면서 파업도 종결되었다. 하지만 본격적인 논쟁은 그때부터 시작되었다.

분쟁은 해결되었지만 현행법상 임금 인상은 무효이고 파업한 11일의 두 배인 22일치의 임금을 유보해야 한다는 법적 소송이 제기되었다. 비나드 보틴 판사는 시장에게 합의안을 무효로 하고 과태료를 부가해야 한다는 통지를 보냈다. 사태가 이렇게 확산되는 동안 퀼은 결국 심장마비로 세상을 떠나고 말았다. 그의 후임자, 매튜 귀난은 합의안의 무효와 과태료를 인정하거나 아니면 조합원들에게 다시 한 번 불법 파업을 호소해야 하는 달갑지 않은 선택에 직면했다.

귀난은 파업을 다시 벌인다는 것이 무모한 짓인 줄 잘 알고 있었지만, 아무런 조치도 취하지 않을 경우 조합원들이 감당해야 할 엄청난 과태료 때문에 전전긍긍하지 않을 수 없었다. 귀난은 해리 반 아스테일에게 도움을 청했다. 미국노동총연맹산업별회의에 가맹한 뉴욕의 중앙노동협의회를 역동적이고 창의적으로 이끌던 반 아스테일은 넬슨 A. 록펠러 주지사에게 지원을 요청했다.

주지사는 귀난과 노동운동이 직면한 딜레마를 충분히 파악하고 있었지만, 공공직 노동자들이 그들의 사용자와 단체로 교섭할 권리를 갖는다는 사실에는 이의가 없더라도 파업권까지 보장할 수는 없다는 입장에서 벗어나지 않았다. 콘든─와들린법에서 파업권을 공공분야에서는 적용할 수 없는 것이라 명시하고 있었기 때문이다.

록펠러 주지사는 두 가지 과감한 조치를 취했다. 1) 콘든―와들린법에서 처벌 조항을 무효화하는 법안을 운송노동자에 한하여 적용하는 법안을 만들어 통과시켰고, 2) 펜실베이니아대학의 조지 W. 테일러 학장을 위원장으로 노사관계 전문가 5인위원회를 구성해 공공분야 고용관계를 새로 규정할 법을 만들도록 했다.

5인위원회가 작성한 새 법은 1957년 채택된 후 몇 번의 수정을 거쳐 뉴욕주의 공공직 노사관계를 규정하는 기본법이 되었다. 또한 이 법은 여러 주에서도 노동법의 근간이 되었다.

내 개인적인 경험에 따르면 노동법은 그 자체로 강점과 약점을 동시에 갖는다. 또한 민간분야와 공공분야에서 단체교섭의 차이점을 분명하게 제시한다. 테일러위원회, 즉 5인위원회도 공공직 근로자들에게 파업권을 인정하지 않았지만, 공공직 근로자들이 고용 조건을 결정하기 위해서 그들이 선택한 노동조합을 통해서 참여할 권리까지 없다는 콘든―와들린법의 절대적인 금지에는 동의하지 않았다.

단체협상 : 신법에 등장한 새로운 개념

파업권이 없는 한 단체교섭이 민간분야에서처럼 효율성을 갖지 못할 것이라는 생각에, 5인위원회는 공공직 근로자들이 선택할 수 있는 권리의 하나로 '단체협상'이라는 단어를 도입했지만 정확한 정의까지 내리지는 않았다. 주 의회가 테일러위원회의 보고서를 근거로 해서 테일러법이라 이름 붙여진 신법에서도 이 개념은 확실히 정의되지 않았다.

법 적용에서 그리고 다른 법과의 관계에서 '단체협상'은 단체교섭과 동일한 의미인 것처럼 사용되었다. 실제 경찰 직원과 소방직원의 분규에 강제 중재를 명령한 항소법정의 판결에서 제이슨 판사는 '단체교섭 협상중에' 일어난 분규 라는 표현을 사용했다.

테일러법은 민간분야의 노동자들에게 허용된 교섭권에 상응하는 교섭권을 공공직 근로자에게 인정해주기 위해 연 방노사관계법(NLRA)의 골격과 형태를 그대로 따랐다. NLRA와 마찬가지로 테일러법은 공공직 근로자에게 단체 결성권과 대리권을 부여했고 대리인 결정 절차를 명시했 다. '주정부와 지방정부 및 산하기관'에게 정당한 절차에 따라 확인되고 인정받은 '근로자 단체와 협상하고 성문화 된 합의'를 의무화시켰다. 덧붙여서 테일러법은 근로자 대 표로 정당하게 인정받고 확인된 대표와 공공직 사용자가 '신의와 성실로 협상하기를 거부하는 것'은 '부당 행위'라 명시해 놓았다. 또한 노사관계위원회(NLRB)가 NLRA를 집 행하듯이 테일러법은 신법을 집행할 공공직고용관계위원 회(PERB)를 창설하도록 규정했다.

테일러법은 공공직 근로자의 파업권을 명백히 금지했다. 따라서 민간분야에서는 생각지 못할 두 가지 결과가 필연 적으로 제기될 수밖에 없었다. 첫째, 위반에 따른 불이익을 규정해야만 했다(콘든-와들린법에서도 마찬가지였다). 둘

째, 교섭이 교착 상태로 접어들 때 분쟁해결을 위해 파업이 아닌 대체수단을 규정해주어야 했다(테일러법에서 처음 제시된 문제였다).

조정—정확히 말하면 조정은 대체수단이 아니라 교섭에 도움을 주는 수단이다—이외에 생각할 수 있는 주요한 대체수단은 권고안을 덧붙일 수 있는 진상조사이다. 그러나 권고안은 말 그대로 권고이기 때문에 언제라도 거부될 수 있다. 따라서 양측 모두가 한쪽에서 거부할 경우를 대비해서 또 다른 대체수단을 규정할 필요가 있었다.

테일러위원회는 사법적 판결권을 가진 입법부가 '청문회와 비슷한 것'을 열어서 분쟁 당사자들이 권고안에 비추어 각자의 입장을 대변할 시간을 준 다음, 적절히 예산을 할당하거나 기타 법규를 제정하는 방법을 제안했다.

주 의회가 공공직 근로자 분쟁을 최종으로 결정지어야 한다는 부담을 떠안기가 부담스러웠던지 최초로 통과된 법에는 이 제안이 포함되지 않았다. 따라서 노동조합이 권고안을 수용했는데 사용자가 거부할 경우 노동조합은 어디에도 호소할 길이 없었다.

1969년의 수정법안에 따르면, 입법부나 정당하게 권한을 위임받은 위원회는 청문회를 개최해서 진상조사단의 보고서에 비추어 양측의 입장 설명을 들은 후 "입법부는 공공직 근로자의 이익을 포함해서 공공의 이익에 적합한 행동을 취해야만 한다." 그러나 공공직 근로자의 분쟁이 이 수준까지 치달은 경우는 거의 없었다.

테일러법으로 해결되지 않는 쟁점들

입법부가 결국 공공직 사용자—예를 들어 운송국—라면 그리고 사용자인 회사측이 합의안을 통과시키기 위해 입법자로서 역할을 한다면, 당연히 해결되어야 할 것조차 해결되지 않는다.

엄밀히 말해 이런 절차는 최종의사 결정권자가 입법부, 대개의 경우 주 의회라는 뜻이 된다. 따라서 민간분야의 노동조합과 사용자가 합의로 의사결정하는 경우와는 상당히 다르다. 이러한 해석은 주 정부가 고용문제에서 최종의사 결정권자가 되어야 한다는 듀이 주지사의 생각과 일치하는 것이기도 하다. 그러나 테일러법은 콘든-와들린법에서는 없었던 것으로 합의를 도출하기 위한 중재 절차가 포함되어 있다.

엄격하고 다양한 형태의 불이익에도 불구하고 테일러법은 공공직 근로자들의 파업을 중단시키지 못했고 그것은 지금도 마찬가지다. 사실 똑같거나 유사한 일을 하면서 똑같은 경제적 문제에 직면할 때 민간분야의 근로자에게는 허용되는 행위를 공공직 근로자가 했다는 이유로 불이익을 주기가 어렵다.

메트로폴리탄 수송국은 운송국과 롱아일랜드 철도를 총괄하는 상부 단체이다. 두 산하조직은 펜실베이니아역을 중심으로 안팎에서 운영되면서 파업에 대해 서로 다른 법규를 적용한다. 운송국 소속의 지하철과 버스를 운영하는 직원들에게는 테일러법에 의해 절대적으로 파업이 금지되

어 있지만, 롱아일랜드 철도의 직원들에게는 연방철도노동
법이 적용되어 해당 법의 가처분 절차가 끝나면 파업을 할
수 있도록 하고 있다.

또한 납득할 만한 불이익을 결정하는 것도 어려운 문제
이다. 대체 누구에게 불이익을 주어야 하는가? 파업을 일
으킨 근로자인가, 아니면 파업하도록 선동한 그들의 지도
자들인가? 테일러법은 둘 모두를 대상으로 삼고 있으며,
PERB에 그 결정을 일임하고 있다. 일반적으로, 정당한 체
크-오프의 중지는 지도층에 가해지는 불이익으로 해석된
다. 그러나 노동조합이 자금원을 상실하게 되면 조합원들
에게 제대로 봉사할 수 없다. 마찬가지로 지도층이 법을 위
반했다는 죄목으로 투옥될 경우에도 조합원들은 지도층을
통해 누리던 혜택을 상실하게 된다.

그러나 공공직 근로자들에게 전혀 구제책이 없는 것은
아니다. 공공직 근로자들은 사용자를 상대로 로비를 할 수
있다. 민간분야의 노동자에게는 허락되지 않는 커다란 이
점이다. 또한 공공직 근로자에게는 선거운동이 허락되어
공공직 사용자에 대한 지지여부를 분명하게 밝힐 수 있다.
정치인들이 인정하듯이 그들의 지지 여부는 상당한 파괴력
을 갖는다. 따라서 공공직 근로자는 정치적인 술책에 능란
해져 그런 수법을 쓰는 것을 전혀 부끄러워하지 않는다. 그
때문에 공공분야의 노동조합과 사용자들 간에는 깊이 있는
논의가 있기 마련이다.

공공분야의 협상과 정치

'단체교섭'이라는 개념이 정확히 토론을 뜻하는 것인지는 여전히 논쟁 거리이다. 그러나 공공분야의 협상은 그동안 꾸준히 발전되어 정치적 차원에서 중요한 요소로 자리 잡았다. 실제 민간분야의 노동조합원은 감소되는 추세인데 반해 공공분야의 노동조합원은 증가하고 있다.

공공직 근로자의 파업을 금지한 법안은 필연적으로 파업 대체수단의 발전을 가져왔다. 그 대체수단들은 공공직 사용자들이 일방적으로 행동할 여지를 축소시킴으로써 고용규정과 조건에서 근로자들이 요구하는 변화를 얻어내고 있다.

공공직 사용자가 근로자를 상대하는 동기는 민간분야의 사용자들과 다르다. 민간분야의 사용자들은 주로 비용이라는 측면을 중시하지만, 공공분야의 사용자들은 다음 선거에 민감하게 반응한다. 따라서 공공분야의 협상에서는 선거라는 요소가 그 결과와 형식에 커다란 영향을 미친다.

민간분야 노동자들이 단체교섭안을 만드는 데 기울였던 경험을 바탕으로 1940년대 중반 이후 공공분야의 고용에서 꾸준히 진행되어온 협상 시스템을 단체교섭이라 칭하든 그렇지 않든 간에 앞으로도 계속 발전되어야 할 것이다. 그러나 공공분야에서의 협상 방법은 민간분야의 협상 방법과 크게 다르다는 사실을 잊어서는 안 된다.

자유의지적 기법과 반트러스트법

프로 스포츠계의 소동

1995년 프로 야구계는 234일 동안 파업을 계속해서 한 시즌을 거의 날려버렸다. 1998년에는 구단주들의 직장폐쇄로 프로 농구계는 거의 문을 닫아야 했다. 풋볼과 하키도 노동분규를 피해갈 수 없었다. 구단주와 선수의 노력이나 지능이 부족해서 그런 분규가 일어난 것은 아니었다. 그들은 법적 권리와 의무를 분명히 인식하고 있었고, 최고법원에서도 각자의 권리와 의무를 집요하고 강력하게 요구하며 지키려했다. 프로 스포츠 선수들의 노동조합과 구단주는 결코 어리석게 원칙만을 고수하려는 철부지가 아니었다.

　그렇다면 이렇게 묻는 것이 당연해진다. 그렇게 융통성 있는 사람들이 어째서 그처럼 격렬한 분쟁을 일으켰던 것일까? 사실 경제적으로 손해가 막심했다. 그러나 내 생각에 분쟁의 뿌리는 현재와 같은 법체제에 있다. 즉 구단주와 선수들이 현행 노사관계법 및 관련법 하에서 각자의 권리를 행사하고 의무를 존중하면서 교섭을 벌이더라도 반트러스트법에 의해서 담합은 불법적인 것으로 간주되기 때문이다.

노동조합의 존재 이유는 조합원을 대리해서 단체교섭을 벌이는 데 있다. 적법한 교섭단위에 속한 조합원의 과반수를 대표하는 노동조합은 연방노사관계법 하에서 배타적인 권리와 의무를 가지면서, 모든 조합원의 이익을 위해 교섭을 벌인다. 그러나 여타의 노동조합과 달리 프로 스포츠 선수들의 노동조합은 입단시 최소 연봉을 제외한 모든 임금에 대한 단체교섭권을 의도적으로 포기하고 있다. 결국 노동조합은 조합원들에게 연봉을 개별적으로 협상하도록 교섭권을 위임하면서, 법에서 허용된 그 밖의 고용규정과 조건을 협상하는 데 대표권을 행사할 뿐이다.

나는 1960년대 전미 풋볼리그를 대표한 협상에서 웨이버(권리나 의무의 포기—옮긴이)를 알게 되었다. 당시 전미 풋볼리그 선수연합회는 선수들을 대표한 단체교섭권을 두고 국제트럭운송 노동조합과 경쟁을 벌이고 있었다. 선수연합회와 구단주들은 선수들의 의지를 확인하기로 합의를 보고, 유명한 중재자인 데이비드 L. 콜에게 선수들이 그들을 대리할 권리를 선수연합회에 위임했는지 확인해 달라고 요청했다. 구단주들에게는 다행스럽게도 선수들은 선수연합회를 확실하게 선택해주었다. 따라서 법에서 요구한 대로 구단주들은 임금과 노동시간 및 조건, 즉 양측 모두가 준수해야 할 쟁점에 대한 선수들의 배타적인 대표자로 선수연합회를 인정하려 했다. 그런데 선수연합회가 임금에 대해 교섭할 권리와 의무를 포기하겠다고 나섰고, 구단주들도 그런 웨이버를 순순이 받아들였다.

산업계의 노동조합이 법적으로 보장된 단체교섭권을 포기한다는 것은 자멸행위나 마찬가지다. 거꾸로 사용자 입장에서는 조합원을 대표한 노동조합이 임금에 대한 교섭권을 포기한다면 거부할 하등의 이유가 없는 반가운 소식일 것이다.

슈퍼 스타들의 교섭력

관례에 없는 역할 포기를 선언한 동기에서 양측의 천재적 협상능력을 발견할 수 있다. 프로 스포츠계에서 슈퍼 스타들은 개인적으로 교섭하는 것이 훨씬 유리하다. 다른 선수들과 덩달아 노동조합에 교섭권을 부여하는 것보다 훨씬 많은 연봉을 받아낼 수 있기 때문이다. 즉 개인의 뛰어난 능력이 강력한 교섭력이 되어 구단주에게 수백만 달러의 연봉을 요구할 수 있다. 따라서 노동조합이 모든 선수의 연봉을 일괄적으로 타결하기 위해 단체로 교섭할 배타적인 법적 권리를 요구할 경우 슈퍼 스타의 교섭력은 상당히 희석될 수밖에 없다.

이적금지 제도의 무효

단체교섭이 프로 스포츠계에 도입되기 전, 구단주들은 선수들의 이적을 엄격하게 제한하는 규정을 계획하고 있었다. 야구계가 그런 제한을 본격적으로 시도한 선구자였다. 처음에 구단주들은 선수 명단에 등록된 25명의 선수 가운데 15명을 '이적 제한 선수'로 공시하기로 내부적 합의를 보았다. 다시 말하면 타구단에서는 그 15명에 속한 선수를 스카웃할 수 없었다.

또한 구단주들은 선수와의 표준계약서에서, 한 선수가 새로운 계약서의 조건에 반발할 경우 그 선수에게 구(舊) 계약서의 조건에 10%를 더해서 다음 시즌을 뛰도록 요구할 권한을 구단주에게 허용하는 조항을 삽입했다. 이적금지 제도로 알려진 이런 제한조치는 슈퍼 스타들의 교섭력에 심각한 타격을 주었다.

그러나 단체교섭권이 허용되면서 노동조합은 이런 제한조치에 반발했고, 그런 조치가 반트러스트법에 저촉되는 것이라며 법적 소송을 제기했다. 법정은 노동조합의 손을 들어주었고, 대부분의 제한조치를 무효화했다. 이처럼 구단과 계약을 협상하는 데 걸림돌이 제거되자 슈퍼 스타들은 구단에게 최고의 연봉을 요구할 수 있게 되었고, 급격한 연봉 인상으로 그들은 이제 거의 천문학적 연봉을 받고 있다.

이적금지 제도의 무효화에 얽힌 한 가지 유명한 예외가 있다. 1923년 저명한 올리버 웬델 호움즈 판사가 서명한 연방 대법원의 판결에 따르면, 야구는 거래가 아니라 스포츠이기 때문에 담합을 방지하기 위해 연합을 금지한 법에 적용되지 않는다는 것이었다. 프로 스포츠가 점점 이윤을 창출하는 사업으로 변해가자, 연방 대법원은 권투를 비롯한 몇몇 프로 스포츠가 반트러스트법 내에서 거래라는 판결을 내렸다. 이런 판결에 그무되어 최고의 중견수로 평가 받던 커트 플러드는 야구가 반트러스트법에 구속받지 않는다는 옛 판결을 재고해 달라는 청원을 연방 대법원에 제출했다. 그러나 연방 대법원은 플러드에게 실망을 안겨주었을 뿐이었다. 쌍방이 연방 대법원의 옛 판결을 믿고 시간과 돈을 적잖게 투자했을 것이기 때문에 야구에 대한 반트러스트법의 해석은 의회가 결정할 문제라는 이유였다.

법례화되지 않은 노동의 반트러스트법 적용면제

연방 대법원의 판결은 야구 구단주에게도 유리할 것이 없는 것으로 드러났다. 단체교섭안에 따라 선정된 한 중재자가 선수와의 표준계약서에서 구단주에게 허락한 옵션이 계약법에 위배된다는 판결을 내렸기 때문이었다. 따라서 야구를 비롯한 모든 프로 스포츠계의 구단주들이 연봉 협상에서 슈퍼 스타들의 교섭력을 고려하지 않을 수 없게 되었다. 그러나 단체교섭에서 구단주들에게 새로운 수단을 제공하는 판결이 있었다. 법례화되지 않은 노동의 반트러스트법 적용면제로 알려진 판결이다.

단체교섭을 한층 효율적으로 운영하기 위해서, 기업간의 교섭을 대리한 협상가들은 임금과 노동시간 및 조건, 즉 교섭에서 결코 빠질 수 없는 문제들을 서로 협의하게 마련이다. 그러나 그들의 공동 협의와 결정은 정당한 거래를 방해하는 불법적 담합으로 해석될 수 있다. 따라서 위의 판결은 사용자 연합회가 단체교섭을 실질적으로 끌어가는 데 걸림돌이 되었기 때문에 노동관계법에 따라 단체교섭에서 합의된 행위는 반트러스트법의 적용에서 면제된다고 연방 대법원은 결론을 내렸다. 실제 이 판결은 선수들의 자유로운 이적을 억제하려는 구단주간의 협상을 가능하게 해주었다.

노동조합이 이런 제약을 단호히 반대하는 것은 당연한 일이다. 노동조합은 자유시장의 가치를 찬양하는 반면, 구단주들은 여전히 단체교섭을 통해 일정한 제약을 가하려 한다.

1995년, 234일간의 프로 야구계 파업

1995년 프로 야구계의 파업은 구단주들이 샐러리 캡에 대한 단체교섭을 요구하면서 시작되었다. 연봉 총액이 합의되면 구단들이 정한 공식에 따라 합의된 연봉 총액을 구단에 할당하는 식이었다. 또 각 구단은 샐러리 캡으로 결정된 총액을 넘어서 연봉을 지급할 수 없었다. 따라서 한 명의 슈퍼 스타가 수백만 달러로 계약을 체결할 경우 다른 선수들은 나머지 금액을 나눠 가져야 했다.

야구선수노동조합은 임금에 관련된 단체교섭을 반대하며 격렬히 투쟁했다. 그러나 양측은 법이 정한 테두리 내에서 지루한 다툼을 벌인 끝에 단체교섭된 임금에 대한 세금은 합의된 임금 총액에서 초과할 수 있다는 최종 합의를 보았다. 구단주에게는 만족스럽지 않은 합의안이었지만, 단체교섭의 산물이기에 인정하지 않을 수 없었다. 양측 모두에게 재앙이나 다름없는 파업을 피하기 위해서라도 이 쟁점은 앞으로의 협상에서 다시 거론되어야 할 것이다.

1998년, 프로 농구계의 직장폐쇄

단체교섭에서 협상된 샐러리 캡은 야구계보다 농구계에서 몇 년 앞서 도입했던 제도였다. 그러나 협상에서 샐러리 캡에 예외를 두었기 때문에 프로농구 구단주들은 당연히 변화를 모색하게 되었다. 하지만 노동조합은 그런 변화에 반대했고, 이에 맞서 구단주들은 1998년 시즌이 시작할 즈음에 직장폐쇄라는 합법적 권리를 동원했다. '파국'의 날이 위력을 발휘하기 몇 시간 전에야 직장폐쇄는 가까스로 해결될 수 있었다.

이 분쟁이 해결되면서 개별교섭과 단체교섭 두 체계로 운영되던 프로 스포츠의 계속되는 분쟁원인에 혁신적인 변화가 있었다. 향후 6년간 유효한 단체교섭안에 슈퍼 스타의 연봉 상한선을 프로 스포츠계에서 처음으로 도입했다는 점이다. 해당 선수의 활약 연수에 따라 상한선을 탄력적으로 적용한 것이다. 다른 스포츠계에서도 선수들의 연봉 협상에서 이와 유사한 제한을 두려할 것은 의심의 여지가 없다.

1부에서 나는 부담을 서로에게 떠넘기려는 노사 양측의 전략을 살펴보았다. 야구계의 파업과 농구계의 직장폐쇄는 본질적으로 동일한 쟁점 — 단체교섭 대 개별교섭 — 에서 비롯된 것이었지만 대응법은 사뭇 달랐다. 즉 야구계에서는 노동조합이 파업을 단행했던 반면에, 농구계에서는 구단주들이 선수들을 경기장에서 쫓아내는 직장폐쇄로 맞섰던 것이다. 이런 차이는 쟁점 자체와 거의 무관하다. 단지 프로 스포츠계의 구단주와 선수들이 복잡한 교섭에 대응하는 융통성을 증명해주고 있을 뿐이다.

궁극적인 해법 : 자유의지적 기법을 통한 분쟁 해결

프로 스포츠계의 연봉 갈등은 지금까지 법정에서 가까스로 해결점을 찾았고, 협상 테이블에서 설전을 일삼아왔다.

따라서 양측은 갈등해결을 위한 자유의지적 기법을 사용함으로써 서로가 용납할 수 있는 해법을 구상해야 할 필요가 있다. 양측은 실과 바늘 같은 관계이기 때문에 더불어 공생할 수 있는 해법을 찾아내야만 한다. 나는 양측 모두가 만족할 수 있는 해법이 있으리라 확신한다.

작곡가와 작사가 : 고용인인가 자유 계약자인가?

1971년 11월부터 거의 10년 동안 나는 작곡가 및 작사자 조합을 대리한 협상가로 활동했다. 미국 음악계에서 꽤 유명한 음악인까지 포함된 조합원들은 영화나 텔레비전 드라마에 삽입되는 음악을 작곡하고 작사하는 연예인들이었다. 나는 그들의 요청으로 영화사들을 대리한 영화 및 텔레비전 제작자협회(AMPTP)와 협상을 벌였다. 쟁점은 영화와 텔레비전에 사용된 음악의 2차 저작권 문제였다. 기존의 단체교섭안은 1971년 11월 30일에 만료될 예정이었다.

영화에서 마지막 단계의 창조적 작업으로 작품의 완성도

를 높여주는 사람은 작곡가이다. 장면의 분위기에 맞추어 몇 초, 혹은 몇 분간의 음악을 작곡해서 영화와 대본에 생명감을 안겨주는 역할이다. 전쟁을 묘사하는 영화라면 웅장한 풍의 음악이 되어야 할 것이고, 낭만적인 분위기에서는 서정적인 음악이 흘러야 되지 않겠는가. 양측의 합의안과 전미 작곡가·작사가·출판인협회(ASCAP)의 규정에 따라 음악물 출판업자와 작곡가는 인세를 50%씩 양분하고 있다. 그러나 문제는 그 음악의 사용관리권이 영화제작자에게 있다는 점이다.

작곡가들의 불만은 제작자들이 그 음악의 사용처를 폭넓게 모색하기는커녕 선반에 쌓아두고 있다는 점이었다. 즉 "우리는 힘들여 그 음악을 만들었는데 너희는 전혀 사용할 생각조차 않고 있다. 차라리 우리가 다른 식으로 사용하고 싶다!"는 불만이었다.

작곡가 및 작사가 조합의 조합장이던 엘머 번스틴은 좀 더 공식적인 표현을 써 "우리가 가장 우려하는 것은 힘들여 창조한 음악이 선반 위로 올라가 다시는 대중에게 보이거나 들리지 않는다는 사실이다"라고 말했다.

AMPTP와의 협상은 아무런 성과도 없었다. 결국 작곡가 및 작사가 조합은 조합원의 의사를 물어 11월 30일 자정을 기점으로 파업에 돌입하기로 결정했다. 그러나 제작자들이 캐나다와 유럽의 작곡가들에게 작업을 의뢰하는 바람에 그들의 파업은 큰 효과를 거둘 수 없었다.

우리가 다음으로 취한 행동은 반트러스트법에 따른 법적

소송이었다. 제작자들이 정당한 거래를 제약하는 공동 모의를 꾸몄다고 주장하면서, 우리는 3억 달러의 손해배상금을 청구했다. 그러나 제작자들은 작곡가들에게 노동을 요구하지 않았기 때문에 반트러스트법을 적용받지 않는다고 대응했으며, 노동조합과 그 조합원이 협상조건을 상의할 수 있듯이 사용자들도 서로 협상조건을 상의할 수 있다고 주장했다. 물론 그런 협의의 결과를 작곡가들에게 강요했더라면, 협의한 행위가 반트러스트법에 저촉되는 공동 모의로 해석되었을 것이다.

우리는 노사관계위원회가 작곡가들을 고용인으로 확인한 바 있지만 자유 계약자라는 근거로 제작자들의 방어논리를 깨뜨리기로 작전을 바꿨다. 고용인만이 연방노사관계법의 적용을 받을 뿐 자유 계약자는 적용 대상이 아니었기 때문이었다. 고용인은 감독관의 지휘와 관리를 받으며 일하는 사람으로 정의되는 반면, 자유 계약자는 자체의 의지대로 일하는 사람이다. 우리는 이런 차이를 강조했다. 실제로 한 유능한 작곡가에게 어디에서 최고의 작품을 만들었냐고 묻자, 그는 꽉 막힌 도로를 운전하고 있을 때였다고 대답했다. 어떤 식으로 작곡하라고 감독관처럼 명령투로 말하는 제작자가 있었냐고 다시 물었을 때, 그는 너털웃음을 터뜨리며 확실한 대답을 하지 않았다.

그러나 그 작곡가의 증언은 찰스 브리언트 판사를 설득시킬 수 없었다. 브리언트 판사는 작곡가들이 고용인 자격으로 노사관계위원회의 확인을 요청하고 그 확인을 얻었음에도 자유 계약자라고 주장하는 것은 위선적 행위라는 근거로 우리가 낸 소송을 기각했다.

나는 곧바로 상급법원에 항소했다. 3인합의심으로 주심 판사는 어빙 카우프만 판사였다. 내 상대는 뉴욕시에서 첫 손가락에 꼽히는 법률회사 소속의 항고 전문 변호사 사이먼 로즈였다. 나는 로즈 씨가 뛰어난 변호사라는 점을 인정하는 것으로 변론을 시작했다. 그리고 로즈 씨가 다른 이름으로 불린다면 앞으로도 뛰어난 변호사로 남을 것이라고 덧붙였다. 말하자면 "작곡가들은 스스로 고용인이라 불렀지만, 실제로 그들은 자유 계약자였다"고 말한 것이었다.

요컨대 중요한 것은 그들이 스스로를 무엇이라 칭하는 것이 아니라, 그들이 실제로 어떤 존재인가 하는 것이었다. 내 변론에 카우프만 판사가 고개를 끄덕이는 것을 보고 나는 승리를 직감할 수 있었다.

심리가 있은 3주 후 카우프만 판사는 세 판사가 만장일치로 합의를 보았다며, "브리언트 판사가 이 재능 많은 예술가들에게 씌운 검은 장막은 걷혀져야만 한다"는 요지의 판결을 내렸다. 그리고 항소법원은 그 사건을 재심리하도록 하급법원에 되돌려보냈고 우리는 만족스런 결과를 얻어낼 수 있었다.

후기
대체적 분쟁해결수단(ADR)의 미래

우리는 어떤 형태로든 끊임없이 협상하고 있다. 협상 수완
은 훈련과 경험을 통해서 향상될 수 있다는 사실 또한 우리
는 잘 알고 있다.

앞으로 조정에 대한 관심은 급속히 커질 것이다. 분쟁 당
사자들의 협상 능력이 비등해지면서 더욱 팽팽히 맞설 것
이기 때문이다. 또한 조정자는 결정을 내리는 사람이 아니
기 때문에 특별히 해를 입을 위험도 거의 없다. 조정은 과
학이 아니라 예술이다. 물론 조정에 필요한 능력을 선천적
으로 타고나는 사람도 있지만 훈련과 경험을 통해 조정 능
력을 충분히 향상시킬 수 있다.

분쟁 당사자들이 조정의 이점과 제한된 책임을 이해하게
될 때 분쟁해결을 위해 더욱더 조정에 의지하게 될 것이다.
아일랜드 사태의 조정자로 나선 조지 미첼 전(前) 상원의원
이 보여준 성공이 대표적인 예이다. 또한 리차드 홀브룩은

보스니아와 코소보에서 조정자 역할을 눈부시게 해냈다.

권리 분쟁에 대한 중재도 나날이 늘어나고 있다. 많은 분쟁 당사자들이 계약기간 동안 야기되는 장래의 분쟁을 중재에 맡긴다는 조항을 계약서에 포함시키는 경향이 있다. 실제로 이런 조항은 노사간의 단체교섭안이나 많은 국제협약에 이미 포함되어 있다.

이런 조항이 명기된 계약을 협상할 때, 양측은 일반적으로 중재자의 권한을 그들이 협상한 합의안의 규정을 해석하고 적용하는 것으로 한정한다. 권리 분쟁에서 중재자의 권한을 이처럼 제한적으로 명시하고 있기 때문에 앞으로의 계약관계에서 중재자의 역할은 더욱 커질 것이다.

그러나 이해관계 중재는 앞으로 크게 성장할 전망이 없을 듯하다. 분쟁 당사자들이 그들의 이해관계를 결정하는 분쟁 결정권을 제3자에게 맡기기를 꺼려하면서 스스로 결정하려 할 것이기 때문이다. 물론 이해관계 분쟁을 결정할 때 중재자가 적용해야만 하는 기준을 분쟁 당사자들이 합의할 수는 있지만, 그런 합의에까지 도달한다면 그들 스스로 분쟁을 해결할 수도 있지 않겠는가.

자유의지에 따라서 서로 협상하고, 조정이나 중재에 합의할 때 분쟁 당사자들은 분쟁해결을 위한 나름대로의 형식이나 토론회를 구상하게 된다. 그때 분쟁해결을 위한 자유의지적 기법이 서로에게 만족스런 수준으로 사용될 가능성은 더욱 커지게 마련이다.

분쟁관리 시스템에 대해 높아지는 관심

법에 의지하는 것은 결코 최선의 방법이 아니다. 물론 법적 조언과 지원에 지불하는 비용이 점점 많아지는 현실에서 보듯, 단체나 개인이 변호사에게 도움을 청해야 할 필요성도 나날이 증가하고 있다. 그러나 앞에서도 언급했듯이 ADR이 알려지면서 분쟁해결법에 대한 관심도 점점 높아지고 있다. 분쟁해결을 위한 자유의지적 기법은 법적 소송에 따른 시간과 금전의 손허뿐 아니라 분쟁의 가능성까지도 줄여줄 것이란 장밋빛 미래를 약속한다.

   이런 목적으로 기업을 비롯한 여타 단체들이 '분쟁관리 시스템(Conflcit Management System)'이라 칭해지는 기법을 찾는 빈도가 잦아지고 있다. 따라서 법적이고 행정적인 책임만이 아니라 분정해결을 위한 자유의지적 기법 — 협상, 조정, 중재 —을 전담하는 부서까지 두고 있다. 이 책이 이런 흐름을 촉진하는 데 도움이 된다면 나로서는 그 이상 바랄 것이 없겠다.

협상, 그것은 조화로운 삶을 향한 첫걸음

고장난명(孤掌難鳴)!

손바닥 하나로는 소리를 낼 수 없다. 소리를 내자면 둘이 있어야 한다. 무엇을 해도 혼자 하는 것보다는 둘이 하는 것이 낫다. 그런데 여기에는 타협이 있어야 한다. 가령, 손바닥 둘을 똑같은 높이로 두고 부딪쳐보자. 소리가 제대로 만들어지지 않는다. 오히려 손바닥만 아프고, 관절까지 쑤신다. 그러나 한 손바닥을 약간 낮춰보자. 그럼 손바닥이 아프지도 않고 기분 좋은 박수 소리가 난다. 바로 타협의 결과이다. 이것이 바로 조화로움이 아니겠는가!

타협은 협상에서 찾아진다. 이 책의 저자가 말하는 대로 우리는 태어나는 순간부터 협상을 시작한다. 이 책의 정의에 따르면, 협상은 자유의지의 발현이다. 결국 타인의 강요가 아닌 자의로써 타인과의 조화로움을 찾아가는 방법이다. 물론 언제나 협상이 순조로운 것은 아니다. 그때 우리는 중립적인 제3자의 조정이나 중재를 구한다. 조정과 중재는 어떻게 다른가? 이 책은 그 차이를 확실하게 가르쳐준다. 심지어 협상과 그것들의 차이까지 자상하게 가르쳐준다. 그 가르침은 저자 자신이 자유의지적 분쟁해결기법을 예술이라 부르듯이 이론적인 가르침이 아니다. 실례를 통해서 흥미진진하게 가르쳐준다. 그러나 조정과 중재는 협상의 보조물이다. 모든 분쟁의 해결은 협상에서 시작된다.

IMF라는 괴물이 우리를 덮치면서 소송사건이 늘어나고 있다. 하지만 법적 소송은 왠지 짜증스럽고 겁이 난다. 물론 경찰과 검사 등의 법적 조사관에 대한 나쁜 선입견도 있겠지만, 경찰을 만나고 검사를 만나는 자체가 싫다. 게다가 변호사까지 동원해야 할 때가 있다. 시간적으로 경제적으로 만만찮은 비용이 소요된다. 이런 법적 소송을 대리할 수 있는 방법, 그것이 대체적 분쟁해결수단(Alternative Dispute Resolution)로 보통 ADR이란 약어로 통한다. 우리 일반인에게는 거의 알려지지 않는 분쟁해결법이다. 그러나 인터넷을 뒤져보면 이에 대한 설명이 적지 않다. 신문에서 자주 거론되는 노사협상도 이런 분쟁해결법의 하나이다.

ARD을 거창하게 생각할 이유는 없다. 아버지와 용돈 문제를 타협하는 것, 어머니와 귀가 시간을 타협하는 것 등의 사소한 것도 ADR의 하나이다. 물론 이 책에서도 그러한 것을 지적하지만 인용되는 사례들은 굵직한 사건들이다. 그 때문에, 과거 노동자와 사용자 간의 거대한 분쟁들에 얽힌 뒷 이야기와 프로 스포츠계에 얽힌 파동을 재미있게 읽을 수 있다.

 이 책은 개인을 떠나서 기업측과 노동조합에게도 일독을 권하고 싶다. 비록 미국을 중심으로 쓰여진 책이지만 노사 관계를 비롯한 인간관계는 국경을 떠나서 어디에서나 비슷한 모습을 띠지 않는가. 그들은 어떤 식으로 분쟁을 해결해 나갔는지, 남의 경험을 타산지석으로 삼을 수 있지 않겠는가. 번역가로서 사회과학 서적을 번역할 때마다 즐거운 것은 새로운 것을 배운다는 느낌 때문이다. 이 책에서도 마찬가지였다. 그동안 의식 없이 타인과 더불어 살아왔지만, 그것이 바로 '협상'이라는 한다디로 요약될 수 있다는 사실이 놀라울 뿐이다. 또한 그것이 공동체에서 조화로운 삶을 찾아가는 첫걸음이란 사실까지도 새롭게 배웠다.

생극에서
강 주 헌